なぜ女系天皇で日本が滅ぶのか

門田隆将
Kadota Ryusho

竹田恒泰
Takeda Tsuneyasu

ビジネス社

はじめに――皇室〝反対勢力〟が創り上げた「幻」

なぜなんだろう？　との疑問を私が最初に感じたのは、高校生の頃だったと思う。社会の授業で日本史と世界史を選択していた私は、両方の教科書の末尾に載っている年表を眺めながら、不思議なことに気がついたのだ。

日本史の年表では、奈良時代や平安時代、鎌倉時代、室町時代……とそれぞれの時代の名称が書かれ、色分けまでされていた。

しかし、世界史の年表を見たら、例えば中国なら秦、漢、元、明、清……、トルコなら東ローマ帝国、オスマン帝国、トルコ共和国……など、それぞれ時代によって、異なる国名がずらりと並んでいた。

その世界史年表の中で日本だけは、ずっと「日本」だった。それは、新鮮な驚きだった。確かに国名として「鎌倉時代」や「江戸時代」と書くのはおかしい。単にその時代はそこが政治の中心地だったというだけだからだ。

なぜ日本だけが「日本であり続けている」のだろうか。そういう素朴な疑問が高校生の頭の中に浮かんだのも当然だろう。

そして、私はその理由として「日本は一度も王朝が変わっていない」という事実に突きあたった。つまり、日本はその意味で「世界最古の国」ということになる。

それが「権威と権力との分離」という先人の智慧《ちえ》によって成し遂げられたものであることを知るのは、ずっと後年のことだ。最初に疑問に思ってから、長い歳月を経た末に辿り着いた真実に対し、私にも少なからず感慨がある。

このことは、本文でもかなりの紙幅《しふく》を割《さ》き、記させていただいた。本書を繙《ひもと》いてくれる読者の方々には、私はそのことをまず念頭に置いていただくことを願う。

私は長い月日を要したが、読者の皆さまには、できるだけ短い時間で、明快に、そのことをご理解いただきたいのである。

歴代の天皇が等しく「立派」で「尊敬される人」であるとは、私は、思っていない。人はそれぞれであり、優秀な方もいただろうし、一方で天皇に相応しくなかった方もいらっしゃったかもしれない。

しかし、日本民族は、その天皇を戴《いただ》き、これを貶《おとし》めたり、あるいは誅《ちゅう》したりすることはなく、「天皇という存在」を守り続けた。京都御所は、明治の御代には小さな堀のようなものができたものの、それまでは、単に「塀」ひとつで民との間が仕切られていたにすぎない。

〝すぐそこにいる天皇〟を、日本人は守り続けたのである。

これは世界の奇跡だと思う。時の権力者や独裁者が天皇の権威を奪おうとして反乱を起こしたり、天皇になり代わろうとしたことはなかった。平清盛も、源頼朝も、また織田信長も豊臣秀吉も、そして徳川家康もそうだった。

まさに奇跡である。それは、日本人が、いかに「歴史」と「伝統」と「秩序」を重んじる民族であるかを示している。

令和元（二〇一九）年一〇月に行われた即位礼「正殿の儀」は世界を驚かせた。最先端技術で世界をリードする日本は、同時に世界最古の長編小説（注＝源氏物語）を持つ国であり、その時代の衣装（注＝十二単《ひとえ》など）で皇族が現れ、古式に則って粛々と儀式が行われたのである。

世界が「日本は世界最古の国」を実感した時でもあった。

多くの国民がこのありさまを感慨をもって見つめた。天皇とは民の幸せを祈る存在であり、民がその天皇を守り通してきた歴史が凝縮されていたからである。

しかし、今、世論調査で女系天皇容認の声が実に「七割以上」に達している。正直、私には「驚愕」という言葉しか思い浮かばない。

世界最古の王朝、世界最古の国……日本民族が守り通した伝統と先人の智慧の価値を現代人が「何とも思っていないこと」が分かったからである。いや、こんな重要な国家の根幹に関することにそこまで無知なのか、という失望でもあっただろう。

これには、「天皇制打倒」を掲げる政党が方針転換し、SNSを通じて女系天皇実現という〝幻〟のごとき世論形勢を猛然と行っていることも関係している。裏舞台は、第四章で詳しく述べさせていただくが、マスコミも、その企ての一翼を担い、あたかも女系天皇が〝あたりまえ〟であるかのような報道を繰り返していることが私には信じられない。

特定の政治勢力による女系天皇実現という皇室の「内側からの侵蝕《しんしょく》」を現実のものにしようというのである。

日本政府の行動も疑問だ。安定的な皇位継承の在り方を検討する「有識者会議」なるものが作られ、会議メンバー以外の専門家からのヒアリングを行いながら、女性・女系天皇や女性宮家創設の是非について議論するのだ。

「国家の基本に関わる極めて重要な事柄です。十分に議論し、さまざまな考え方を分かりやすい形で整理していただきたく思います」

菅義偉首相は、会議の冒頭でそう挨拶した。二〇〇〇年にわたって脈々と続いてきた歴史と伝統を有識者会議なるものが「議論の対象にする」こと自体に違和感を覚える人も少なくあるまい。

本書は、天皇と皇室研究の揺るぎなき第一人者・竹田恒泰氏と私がおよそ二〇時間にわたって問題点を抽出《ちゅうしゅつ》し、危機を迎えている皇室について議論し合ったものである。二〇〇〇年に及ぶ皇統を断絶させる企てがいかに進行しているか。そのことを分かりやすく解説し、対策と共に、どうあるべきかを真正面から提案させていただいた。

二〇〇〇年の長きにわたって先人が積み重ねてきた智慧を尊重し、未来の日本人に正しい歴史を伝える役割を微力ながら果たしたいと思う。

多くの国民が目覚め、日本という稀有《けう》なる国の価値に、真の意味で気づいていただければ、これに過ぎる喜びはない。

令和三年　皐月

作家・ジャーナリスト
門　田　隆　将

なぜ女系天皇で日本が滅ぶのか　目次

第四章　女系天皇で皇統断絶をもくろむ勢力

第五章　もっと恐ろしい敵がいる

第九章　天皇の祈りと祭祀

エピローグ　本当に怖い皇女制度

おわりに

第一章　なぜ男系が重要なのか

問題提起　天皇と国民を結ぶ三つの「縁」

竹田恒泰

男系を「差別的」で「時代遅れ」と批判

政府は令和三年三月一六日、安定的な皇位継承の在り方を検討する有識者会議を設置しました。平成二九年に成立した譲位特例法の付帯決議で、政府に速やかな皇位継承の在り方の検討と国会への報告を求めました。有識者会議の設置は、これを踏まえたものです。

有識者会議は男女三人ずつ計六人で構成され、メンバーは行政法が専門の大橋真由美上智大学教授、国際政治学者の細谷雄一慶應義塾大学教授、経済界から冨田哲郎ＪＲ東日本会長、清家篤前慶應義塾長、宮崎緑千葉商科大学教授、女優の中江有里氏です。このうち、大橋教授と細谷教授、中江氏が四〇代、冨田氏と宮崎氏が天皇陛下（現上皇陛下）の譲位に関する有識者会議（平成二八〜二九年）のメンバーでした。

有識者会議では専門家に対してヒアリングを実施、その内容は以下の一〇項目です。

一、天皇の役割や活動についてどのように考えるか。
二、皇族の役割や活動についてどのように考えるか。
三、皇族数の減少についてどのように考えるか。
四、皇統に属する男系の男子である皇族のみが皇位継承資格を有し、女性皇族は婚姻に伴い皇族の身分を離れることとしている現行制度の意義をどのように考えるか。
五、内親王・女王に皇位継承資格を認めることについてはどのように考えるか。その場合、皇位継承順位についてはどのように考えるか。
六、皇位継承資格を女系に拡大することについてはどのように考えるか。その場合、皇位継承順位についてはどのように考えるか。
七、内親王・女王が婚姻後も皇族の身分を保持することについてはどのように考えるか。その場合、配偶者や生まれてくる子を皇族とすることについてはどのように考えるか。

八、婚姻により皇族の身分を離れた元女性皇族が皇室の活動を支援することについてはどのように考えるか。

九、皇統に属する男系の男子を下記①または②により皇族とすることについてはどのように考えるか。その場合、皇位継承順位についてはどのように考えるか。

①現行の皇室典範により皇族には認められていない養子縁組を可能とすること。

②皇統に属する男系の男子を現在の皇族と別に新たに皇族とすること。

十、安定的な皇位継承を確保するための方策や、皇族数の減少に係る対応方策として、そのほかにどのようなものが考えられるか。

現在の憲法二条は「皇位は、世襲のものであつて、国会の議決した皇室典範の定めるところにより、これを継承する」としています。この皇室典範第一条では皇位継承の資格を「皇統に属する男系の男子が、これを継承する」と定めていて、父方に天皇の血筋を引く男系男子に限定しています。現在の皇位継承者は継承順に、秋篠宮《あきしののみや》皇嗣《こうし》殿下、秋篠宮悠《ひさ》仁《ひと》親王殿下、常陸宮《ひたちのみや》正仁《まさひと》親王殿下のお三方です。

加藤勝信官房長官は「安定的な皇位継承を維持することは国家の基本に関わる極めて重

要な問題だ。男系継承が古来例外なく維持されてきた重みを踏まえながら、慎重かつ丁寧に検討を行う必要がある」と、男系継承を重視する政府方針を改めて強調したほか、菅義偉首相も男系維持の重みを理解していると報道されました。

しかし、野党やマスコミをはじめ世の中の風潮には、男系男子による皇位継承を「差別的」だとし、女性の社会進出が進む中で伝統にこだわるのは時代遅れだとする批判が多く見られます。このままでは、皇位継承に込められた先人の思いや努力が軽んじられ、やがては皇統の断絶、あるいは国体そのものが失われてしまう危険性があります。

皇位は二〇〇〇年以上の長きにわたって、例外なく男系によって継承されてきました。一度も途切れることなくつないできたことは、困難の極みであり、先人たちの智慧と、血のにじむような努力の賜物であったといえます。

三月一八日付の産経新聞社説は「現存する世界最古の君主国である日本は、初代の神武天皇から、第一二六代の今上陛下まで継承の経緯が伝えられている。導き出せる最大の原則、特徴は、父方に天皇を持つ男系（父系）によって継承されてきたというものだ。一度の例外もない継承の大原則を破る『女系天皇』や、女系継承を容認するかたちの女性宮家は歴史的存在である天皇の正統性を損なう禁じ手といえる」との論を展開しました。

悠仁親王殿下のご誕生で、若い世代に後継者を得た今、従来の男系継承の原則をいかに守ることができるかをまず議論しなければなりません。歴史的にも法的にも正統な後継者を廃して内親王に即位の道をひらく議論は凍結されるべきです。

「治縁」「心縁」「血縁」

ではなぜ先人たちは、男系継承に執念ともいうべき努力を続け、これを貫いてきたのでしょうか。最初に、男系へのこだわりの理由についてお話ししたいと思います。

拙著『天皇の国史』(ＰＨＰ研究所)に書いたのですが、歴史的に天皇と民は三つの縁で結ばれていると、私は考えています。一つだけの単純なものではなくて、三つあるところが強さです。一つは「治縁」、もう一つは「心縁」、そして「血縁」です。そしてそれは、単なる服従関係ではないのが、他の国とは異なる点です。

まず「治縁」というのは、まさに権威と権力の分離です。『古事記』には「しらす」という言葉がありますが、天皇は国民のことを「知る」というのが、日本における統治の方法でした。だから天皇は国民のことを知り、その幸せを祈ることに注力なさるのです。

一方で、任命する形によって、歴代の将軍や総理大臣などの為政者が政治の権力を握ってきました。この「治縁」はよその国にはないもので、天皇と国民との「絆」によって二〇〇〇年来続いてきたのです。

二つ目の「心縁」は、歴代天皇がいつの時代も国民一人ひとりを我が子のように愛し、その幸せを祈ってきたことを基礎とします。そのような天皇を、国民が尊敬し、親しみを持ち、皆で力を合わせて国を支えてきました。「天皇が国民を愛し、国民が国を支える」という「心縁」で結ばれてきました。これも二〇〇〇年来続いてきたことですね。

権威と権力を分離したこと、それから天皇が祈り続けてきたことは、大変重要な国体の概念だと思います。

そして三つ目の「血縁」。ここが重要で、日本人は遡れば全員親戚だということです。なぜならば、初代の神武天皇から第一二代景行天皇ぐらいまでの間に、天皇を中心とした日本国民の血統的な再統合が行われたからです。

これは、具体的には、天皇の娘の多くが地方の豪族に嫁いでいったことを意味します。同時に、地方の豪族や有力者の娘たちは、次々と皇室に嫁いできました。

また、天皇は当時、たくさんのお妃との間に、多くの子供をもうけたわけですが、次に天皇になるのは男兄弟の中でも、およそ一人だけです。天皇にならなかったそれ以外の男兄弟たちは、ことごとく地方に飛ばされていきました。そして、地方の豪族の娘と結婚し、その地域の豪族になっていきました。

『古事記』には、地方豪族が天皇とどのような関係にあるか、詳しい数の婚姻の記述が出できます。具体的な数字を申し上げますと、初代の神武天皇から、第三二代崇峻天皇までの間に、歴代天皇は六〇の豪族から妃を迎えています。

さらに、初代の神武天皇から第一二代景行天皇までの間、数々の連《むらじ》や地方豪族がどの天皇の御子の子孫であるかを記していて、その記述の数は一六三を数えます。『古事記』では、初代から第三二代崇峻天皇までだけで、二三三の豪族が天皇の親戚だということが分かります。

天皇を中心として日本人の血統が再統合

『古事記』に書かれていない例を加えれば、それは二倍も四倍もあると考えられますので、そうすると、五〇〇あるいは一〇〇〇といった数の地方豪族が、天皇の親戚だと言えます。

神武天皇以降、武力で国を統合するのではなく、互いに協力して仲良くしようという「型示し」として、「よかったら、うちの娘を嫁がせてもらえないか」とか、「うちの息子のところに嫁いで来ないか」というように、次々と豪族たちが天皇の親戚になっていったのです。

史学だけでなく考古学でも、前方後円墳が全国に広がったのは、そのような血縁関係によって、大和朝廷の統治範囲が広がって行ったと理解されています。つまり天皇と同じ形のお墓に埋葬されることが許されるのは、中央政府から正式に認められた豪族であるということであって、その大半は天皇の親戚なのです。

そうすると、日本の豪族の中で、天皇との血縁関係がない豪族は、ほとんどいなかったのではないでしょうか。天皇の子孫は地方の有力者たちと皆つながっていきますから、日本中の有力者の多くは皆天皇の親戚であり、さらに一五〇〇年前、二〇〇〇年前からその子孫が京都周辺や奈良周辺に限らず、一気に全国に広がっていきましたから、統計的に考えても、天皇の血筋を受け継がない日本人はいないはずなのです。

ですから、天皇を中心として日本人の血統が再統合されたといってもよいと思います。日本人を一つの民族と見た時に、その血統の中心を担っているのが天皇なのです。その天皇が男系という一つの原理に従って、連綿と継承されてきました。

およそ日本人であれば天皇の血筋は受けているけれども、男系の血筋を受け継いだ人しか天皇の位を受け継ぐことはできません。しかも男系の血筋を引いていれば、例えば清和源氏でも桓武平氏でも何でもよいのかといえば、そうではなく、それは皇室典範に「皇統に属する男系の男子が、これを継承する」とあるように、単に「男系の男子」ではなく、「皇統に属する」という二点を満たしている必要があります。では皇統に属するというのは何かというと、皇統譜に記載があるという意味です。皇統譜とは皇族の戸籍です。正確には、皇族は皇族譜、天皇は大統譜に記載があります。

「皇統に属する男系の男子」ということは、すなわち、皇族として皇統譜に記載されていて、なおかつ男系の男子であることです。つまり、嫁いできた妃は入らないし、娘も入らない。つまり簡単に言えば、皇族かつ男系の血筋を引いていることが、皇位継承の絶対原則になります。

歴代天皇の男系の血筋を引いている人は大勢いても、皇統に属する人はほんの一握りです。桓武平氏や清和源氏は男系子孫であっても、皇統に属していません。天皇になれる血筋は狭い範囲に限られてきました。だから例えば「自分の先祖は後醍醐天皇の落胤《らくいん》だったらしい」という人がいても、天皇に即位する資格はありません。皇統に属していませんから。

ですから、天皇は特別な存在なのです。特殊な決められた血統の者しか天皇になれません。それが正統性です。一つの原理に従って皇位が継承されてきたので、例えば、女性天皇は先例があるとしても、「女系天皇」なるものは一例も先例がないのです。

天皇の原理とは血統なのであり、血統を重んじてきたからこそ、歴代天皇は研鑽《けんさん》をお積みになって、国民から慕われる天皇が続いたといえます。

ところで、よく「女系天皇」と表現されますが、正しくは「女系天皇」などあり得ません。例えば、愛子内親王殿下がご即位になり、その長男が次に即位遊ばしたら、それは男系の皇統が断絶したことを意味しますが、果たしてそれは「女系」なのでしょうか。母と娘の線で「母の母の母の……」と遡っていったら、一体誰に辿り着くというのでしょう。結局、男系でも女系でも何でもないものになるだけで、それは「女系天皇」とは言えません。そもそも「男系か女系か」という設問自体がおかしいのです。正しくは「男系か非男系か」というべきです。二〇〇〇年以上続いてきた男系継承を守れるか守れないかだけの話であり、「女系」という別の正統な系統が出来上がることはないのです。

男系が独裁者の皇位簒奪《さんだつ》を防いだ

門田　今、竹田さんは非常に重要なことを提示しました。私は、特に天皇と民が結ばれている「治縁」、「心縁」、「血縁」という日本以外では考えられない三つの「縁」という分析が興味深いです。単なる「支配者」とそれに服従する「民」という単純なものではなかったということが分かります。

日本が、なぜ世界最古の国になったのか。そのことには、さまざまな解釈や説が存在しますが、この三つの縁のどれが欠けても、それは「成し得なかった」と思います。

中でも私が注目したいのが「治縁」です。皇統唯一のルール、つまり「男系」だったからこそ、二〇〇〇年を超えて皇統が守られてきたと、私は考えています。これによって、「権威と権力」の分離に成功したわけですよね。

権勢を振るった藤原家であろうが、平家や源氏であろうが、さらには足利、織田信長、豊臣秀吉、徳川家などが、なぜ天皇になれなかったのかと言うと、皇統が「男系だったから」としか言いようがありません。

時の権力者、独裁者ができたことといえば、自分の娘を天皇に嫁がせ、「外戚《がいせき》」として権力を振るうことしかできなかった。つまり、その時々の独裁者さえ皇位を簒奪することはできなかったわけです。

仮に男系でなかったとするなら、独裁者の交代、つまり幕府が倒れるなど、権力の主体の交代によって、国自体が生まれ変わっていた可能性があります。天皇の正統性が失われ、「王朝」が交代すれば、国が変わっていたわけです。

それぞれの国では、権力の興亡によって、ずっとこれが繰り返されてきました。しかし、日本だけは違っていた。世界の国々の「常識」と「宿命」が日本だけは異なっていたわけです。これを成し遂げた先人の智慧には驚かされます。

竹田　先人がどういう思いで男系継承を始めたか、その理由は分かりません。ただ結果として、良いものだから続いてきたのだと思います。もし、問題があったら、いつでも、何度でも、それを変更する機会はあったはずです。

例えば、武烈天皇は御子が生まれないうちに崩御し、近親に皇位を継げる者がいなかったために、皇統断絶の危機に陥りました。この時、越《こし》の国《くに》の三国《みくに》から応神天皇の五世孫にあたる男大迹王《おおどのおおきみ》を天皇に立て、継体天皇が誕生しました。そうした皇統断絶の危機に直面した際に、先人たちは必死の思いをして男系をつないできた。だからこそ、皇統が安定して、その結果、二〇〇〇年の長きにわたって男系が続いてきたわけです。

もし男系も女系も一緒になってしまったら、娘が天皇に嫁いだ豪族や実力者たちは、今度はその息子を婿入りさせて、その子が将来、天皇になってしまえば、本流の血筋というのが分からなくなります。

そうすると、例えば平氏、源氏、足利氏、徳川氏など、いろいろな王家が乱立して、王冠の奪い合いが行われることになってしまいます。それをやってしまったのがヨーロッパで、その結果、争いや内乱が続くことになりました。

だから一つの王朝が二〇〇〇年続き、今の日本につながっているのは、たとえそれが結果論だとしても、やはり男系継承を守ってきたからなのです。

先人たちはどのような国の体制がよいか、どのような皇位継承がよいのかと、いろいろ考えたと思います。彼らが考え抜いた末に、修正を繰り返しながら変えないものと、変えるものの取捨選択をしてきた。それでも一度も変更されることなく続いてきたのが、男系継承ですから、それは二〇〇〇年の風雪に耐えてきた先人の智慧だと思うのです。

これに則って伝統を守っておけば、今後もおかしなことにはならないでしょう。しかし、もし男系を崩してしまえば、正統性に歪みが生じますので、天皇の在り方をめぐる議論に発展しかねません。

二〇〇〇年以上続く「世界最古の国・日本」

門田　私がツイッターで、「世界最古の国・日本」という表現をしたら、ものすごい非難が来たんですよ。お前はエジプトの歴史も知らないのか、中国には何千年の歴史があるのか知らないのか、というような（笑）。彼らにはその「意味」が分かっていないのです。ギネスブックに「世界最古の王朝」と日本の皇室が書かれているように、権威と権力が分離してなければ、とても二〇〇〇年にわたって一つの王朝が続くわけはなく、世界最古の国になることもなかったわけです。

京都御所にあるお堀は、現在でもそのまま見ることができます。果たしてこれがお堀と言えるのかどうか、首をかしげるほどの狭さですよね。かつては、御所の周囲は土塀一枚だけで隔てられていました。これはどういうことか、この狭さが象徴するのは何か、ということなんです。それは、天皇は国民と共に歩んできたということです。大衆と共にいたということですよ。

逆に言えば、日本人はずっと天皇、皇室を「守り通してきた」ということです。日本の歴史とは、伝統と秩序を重んじる日本人が、あのひと跨ぎできるような狭い堀の向こうにいる天皇を守り、天皇の権威を奪取しようとするような人間が万一にも現れるようなことがあれば、これを排除し、守り通してきた歴史なんです。それが世界でも特筆すべき事実というわけです。

それと共に、天皇はその国民の幸せを祈ってきました。これは二一世紀の現在も変わりません。つまり、「祈る」という存在を、祈られている側が「守っている」ということになります。それこそ理想の社会といえますが、日本は世界で唯一、それを地でいく国なんですね。片方は国民の幸せを祈り、片方はそれを「ありがたい」と思って守ってきた歴史は、世界のどこを探しても他にありません。

『日本書紀』に仁徳天皇の「民のかまど」の話が出てきます。「高き屋にのぼりてみれば煙立つ　民のかまどは賑わいにけり」。つまり、天皇が難波高津宮から遠くをご覧になると、民の家から煙が上がっていなかった。「これは、民が炊くものもなく貧しさに苦しんでいるからだ」とお考えになった仁徳天皇は、税金を免除し、その後、再び煙が上がる様子が見えるようになった、というお話です。ここで天皇は、自らがどんどん貧しくなっていくのを気にせず、民のかまどから煙が出てきたことをお喜びになる。それは天皇が民の幸せを「祈ってきた存在」だからです。

私たちは「家族にいいことが一杯ありますように」とか、「学校に合格しますように」とか、「仕事が上手くいきますように」とか、自分や家族のことを祈りますよね。天皇陛下は全く違います。自分のことは関係ありません。ひたすら民の幸せを祈り、生活を心配してこられたわけです。その民が天皇に感謝の念を抱き、存在自身を守ってきた。このような特殊な関係性が日本の天皇家を成り立たせてきたのです。

それは「男系」というルールによって権力者、独裁者がこれに成り代わることができないシステムによって維持できた。そうした関係を二〇〇〇年にわたってずっと続けてきたわけですから、皇統の唯一と言っていい「男系」が今後も維持できるかどうかが極めて重要なのです。

守るべきは天皇の「正統性」

竹田　もし「女系天皇」なるものが現れたら、これは、これまでの原理とは違う天皇になってしまいます。ある人は、それでも「女系天皇」を認めると言うでしょう。でも一方では、これは原理に背くので認めないという人が現れます。要するに天皇の正統性に疑問を差し挟まれる余地が生まれて、賛成する人と反対する人との間で対立が生まれます。これが最大の問題だと思うのです。

けれども伝統を守っていれば、天皇の正統性は揺らぐことがありません。天皇の国事行為を見れば分かりますが、天皇は内閣総理大臣を任命し、法律を公布し、憲法改正も公布します。国会の召集から衆議院の解散、各国駐日大使の認証まで、すべてが天皇の国事行為です。

しかし、もしこの正統性が揺らいだら、「そもそも自分が認めていない天皇が任命した総理大臣なんて認めない」とか、「自分が認めない天皇が公布した法律なんて守らない」ということを言い出す人が出てきてしまうのです。

ですから天皇の正統性は、疑問を差し挟む余地があってはいけません。日本社会においてどんな政権交代があっても、クーデターは起きず、無法地帯にならないのも、天皇の権威が揺らがないからこそです。

この重要性を指し示す一つの例が、上皇陛下の譲位を可能にする特例法（「天皇の退位等に関する皇室典範特例法」）が、自民党の多数だけで通すことをせず、衆参の野党も含めて共産党にも賛成させ、さらに（平成二五年の秋の園遊会で陛下に直訴状を手渡して、政治利用だと問題になった）山本太郎参院議員にまで賛成させて、ほぼ全会一致に近い状態で通したことです。

なぜ山本太郎議員にまで賛成させる必要があったかというと、もしここで共産党と一緒になって反対票を投じてしまえば、彼らは「新しい天皇には反対で、自分たちは認めていない」と言えてしまうわけです。

彼らを巻き込んでおけば、もし将来何かあっても「あなたたちはこの時に賛成していましたよね」と言えます。やはり天皇は日本の国家統治の根本ですので、天皇の地位に疑問を差し挟まれてしまうと、あらゆるものが揺らぐことになります。だからどの角度から検証しても、盤石なものでなくてはいけません。

もし「女系天皇」なるものが成立すると、国民のかなりの数になると思われますが、「自分はこの天皇は認めない」という人が出てくるでしょう。憲法第一条には「天皇は、日本国の象徴であり日本国民統合の象徴」だと書いてあります。もし「ある人は認めて、ある人は認めない」という状況になると、そのような天皇がどのように「日本国民の統合」を象徴するのか、ということにもなってきます。

学問的な理由で「女系天皇」を「認める」「認めない」と議論されていますが、それはあまり本質的な重要性を持ちません。今、私が言ったことは、かなり超越的なもので、「学問的な理由などどうでもいい。とにかく『女系天皇』なるものが成立したら、天皇の権威が揺らぐのだ」というのが、分かりやすい説明ではないかと思います。

〝中国系〟〝韓国系〟の天皇が誕生⁉

門田　重要なのは、まさに天皇の地位に疑問を差し挟まれてしまうことですね。そうなれば、あらゆるものが揺らぐことになるという竹田さんの心配はよく分かります。女系天皇というのは、父方に天皇の血筋を持っていないので、父、その父、さらにその父……と遡っていっても神武天皇には辿りつきません。

つまり皇統と何の関係もない人を天皇と仰ぐことになります。分かりやすく言えば、今は国際結婚の時代ですから、仮に中国人とご結婚すれば、以後、天皇家は〝中国系〟となり、韓国人男性とご結婚されれば〝韓国系〟となっていくわけです。

国際化社会なのだからそれでいいじゃないか、と反日勢力は喜びますが、二〇〇〇年以上守り抜いた日本の皇統とは、そんなものなんですか、と多くの日本人は考えないでしょうか。少なくとも私はそう思います。

今、竹田さんは「どの角度から検証しても、盤石なものでなくてはいけません」と言いました。男系のルールを貫いて、権威と権力を分離したから、皇室はずっと続いてきたのに、その先人の智慧を捨てて、どこの家族の系統になるのか、あるいは、どこの国の系列になるのかは分かりませんが、世界中どこにもなかった「権威と権力の分離」を果たしたこのシステムを、反日勢力以外の普通の日本人が支持している「意味」が私には分かりません。

ヨーロッパではそれをなくしてしまったから、争いが絶えず、内乱に明け暮れることになりましたよね。ヨーロッパの王室では、男系にこだわる国は少ないですからね。

竹田　フランス王室は男系で続いてきています。フランス革命で王室は倒されましたが、別に継承者がいなくなったわけではなく、現在もパリ伯爵が存在していて、約一〇〇〇年にわたって男系でその当主が継承されています。フランス革命ののち、何度か王政復古がなされましたが、結局、王家は残りませんでした。けれども、伯爵家というような形で脈々と続いています。

日本では皇族と旧皇族とを明確に分けていますが、ヨーロッパでは伯爵とはいっても、旧伯爵なのか現伯爵なのか、棲み分けはありません。フランス王家自体はすでにありませんが、本来なら皇太子の立場にいる人を今も「パリ伯爵」と呼んでいるわけです。代が替わっても伯爵になります。ブルボン王朝は現在も続いていますので、今、跡を継いだら王様はこの人であるというのは分かっているのです。

驚くべきは、彼らは男系を維持するうえで側室を用いてこなかったことです。キリスト教ですから、当然といえば当然です。側室なしですから、本妻との間に生まれた子しか認められない。それでも男系継承を続けてきているのです。

よく男系継承というと、「結局、側室制度があったからそれが可能だったわけで、側室をなくしたら無理な話だ」という人がいるのですが、現にブルボン王朝は側室がいなくても男系を維持し、男系が約一〇〇〇年続いてきました。側室制度がなければ無理だということはないのです。

男系を維持してきたことによって、日本は二〇〇〇年間、王朝が続いてきましたが、すごいのは男系を維持しようとした人の感覚の鋭さでしょう。「男系なんて気にしないで、生まれた順番に即位すればいいんじゃないの」というのは簡単ですが、もしそんなことをしていたら各王家が日本中に乱立して、今どの王家が三種の神器を持っているかという話になって、それこそ争いが絶えなくなります。これが正統性の重要なところです。

正統性の揺らいだ天皇が現れたら、これを認めるかどうかで天下が揺らいでしまいます。そうすると内乱にもなってしまうわけですから、やはり誰もが納得する血筋でなければならないわけです。男系を維持することで、不要な争いを回避してきたと言えます。

世界が称讃した即位礼を貶める反日メディア

門田　各王家が日本中に乱立するなんて、本当に考えられないですよね。想像を超えています。しかし、日本ではそういうことを男系によって防ぎ、二〇〇〇年を超えて皇統を守ってきました。そのことに対する称讃は、例えば、「即位礼正殿の儀」に一九一の国や国際機関の代表が参列したことでもうかがえます。

列席してくれた各国の要人の顔がそのことを物語っています。驚きと敬意を以って行事を見守ってくれたことは嬉しかったですね。なにしろ世界最古の長編小説『源氏物語』の時代の十二単をまとって、皇室の女性が現れたんですからね。世界の最先端技術を持つ日本が、一〇〇〇年以上も前の文化と伝統を守っていることを目の前で確かめたんです。驚きと敬意を抱いてくれたことは想像がつきます。

海外メディアの報道も興味深かったですね。ドイツのコラムニストが「今回の儀式は日本国内だけでなく、世界各国にも日本の伝統文化が長い歴史に支えられているものだと印象づけた」と書きました。アメリカのＮＢＣテレビも「明仁《あきひと》天皇は皇室と国民の距離を縮め、日本が抱える戦後の傷をいやすことに尽力したことで尊敬を集めている」と報じています。さらには、フランスの新聞『フィガロ』は、安倍晋三首相が音頭をとって万歳三唱したことを、「万歳は一万年を意味し、天皇の長寿を祝うものである」と説明するなど、礼讃と驚きを伝えていました。

しかし、日本国内の反日勢力といつも連動している海外メディアもあります。これも興味深かったですね。日本が礼讃されていることに悔しい思いをしているメディアが、あれやこれやと日本の皇室を揶揄することも忘れていませんでした。例えば、いつも反日報道してくる『ニューヨーク・タイムズ』の東京支局長は、

「マサコは一〇世紀から伝わる複数の衣を重ねた着物、五衣唐衣裳《いつつぎぬからころも》を着用した。その重さは三五ポンドに近かった。また硬い翼またはミッキーマウスの耳が頭の横から伸びているように見える精巧な型のかつらを身に着けた」

そう書いています。ミッキーマウスとは取るに足らないということを意味するものです。完全な侮蔑表現です。日頃、朝日新聞と連動する同紙は、さらに皇室が「男女差別」であるということを示す風刺画も掲載しています。ニュースサイト「ガジェット通信」(二〇一九年五月八日)によると、『ニューヨーク・タイムズ』は、天皇陛下が三種の神器を継承される剣璽等承継《けんじとうしょうけい》の儀に、皇后陛下が列席されなかったことを揶揄した漫画を掲載したところ、「私たちの国を侮辱している」という怒りの声がSNS上に次々と上がったことを伝えています。

この漫画は額縁の中で手を振られる天皇陛下と、それを外からご覧になる皇后陛下という構図で描かれており、「皇后陛下が特別な儀式への出席が禁じられた」と説明していました。これに対して「伝統的儀式の様子をジェンダー差別と混同するのは許せない」「ポリティカル・コレクトネス(政治的公正性)は人権よりも品性を見直すべきだ」という大きな批判が上がったのです。これを描いたのは、中国系シンガポール人だそうですが、そうした日本の皇室や伝統に反発する勢力がいるわけです。

男系は「女性差別」ではなく「男性排除」

竹田　「男女差別」という文脈で考えると、全く逆の見方ができるのではないでしょうか。皇族には、民間の男性を全く入れていないのです。この点は大きい。一方で、これまで大勢の民間出身の女性が天皇や皇族の妃として宮中に入りました。現在の皇后陛下も上皇后陛下も民間のご出身です。明治天皇のお妃たちもそうでした。でも、民間出身の男性を皇族にした例はこれまで一度もありません。

よく男系というと女性をしいたげているように言われますが、女性を受け入れる一方で男性を一人も入れなかった――つまり男性を排除してきたのです。だから「男性も入れろ」というのが女系派の言い分で、「女性を入れろ」ではありません。女性蔑視というのではなく、外部の男系を排除してきたのが男系継承ということなのです。男系継承を男女差別だと見る人がいますが、全く逆です。

門田　女性は皇族になれますが、男性は皇族になれませんからね。女性を受け入れ、男性を一人も入れない皇室が「男女差別」というのは、根本から間違えています。男系は、別に守るべきルールとして歴史的な何かに記されているものではありません。今は皇室典範で決められていますが、歴史上はありませんでした。しかし、それでも男系継承は、天皇に不可欠なものとして連綿と続いてきたのです。その重みを、今の価値観で語ること自体が的外れです。

先ほども話に出ましたが、武烈天皇の崩御で皇統断絶の危機に直面した時、大和の豪族たちが継体天皇を越の国からお連れになりました。応神天皇の五世孫ですからね。五代上がって、そこから五代下がった方です。自分に当てはめてみたら、分かりますが、五代遡ると誰なのか、普通なら名前もすぐには出てこないですよね。そこから五代下がってくるとなると、もう親戚というより、他人ですよ。しかし、先人は、その人物を遠く今の福井からお連れになり「男系」をつないだわけです。これ自体が奇跡ですよね。

またずっと下がってきて江戸時代にも危機が訪れます。代々、世襲が許された親王家は伏見宮《ふしみのみや》、有栖川宮《ありすがわのみや》、桂宮《かつらのみや》の三宮家に限られていて、それ以外は皆、出家するのが慣習でした。しかし、継体天皇の例を勉強した新井白石が、「三宮家だけでは後継が危うい」と考え、閑院宮《かんいんのみや》家創設を進言し、東山天皇の皇子・直仁《なおひと》親王が初代当主となりました。創設から七〇年を経て、後桃園天皇が崩御した際、内親王しかお子様がおられず、傍系の閑院宮家から光格《こうかく》天皇が出て、男系が維持されました。これが今の天皇家につながっています。本当に奇跡とも言えるようなことが続いて「今」があるわけです。

竹田　先人たちが一生懸命守ってきたもの、その歴史に学んでこそ、日本人だと思います。歴史を軽視したら駄目です。男系は血筋ですから、違う血筋を受け入れると血筋を断ち切ってしまうことになります。血筋をつないでいくということに、先人たちは重きを置いてきたわけです。

なお今上陛下がご即位の時に、「歴代の天皇のなさりようを心にして」と仰せになりました。そのようなお心持ちならば、伝統を守ることを大切になさっていらっしゃると私は拝察しています。

第二章

「養子案」こそベスト

問題提起

旧皇族「復帰案」と「養子案」

竹田恒泰

養子候補は二〇名もいる

皇統を安定させるためにはどうすればよいのか。それはやはり、旧皇族を活用する形で皇族の数を確保することしかありません。それによって、いざという時には皇位継承を安定化させることもできますし、公務の担い手も確保することができます。

第二次世界大戦の敗戦によって、ＧＨＱ（連合国軍総司令部）の占領下に置かれた日本は、昭和二二年の皇室財産の重税措置などによって、昭和天皇の弟だった秩父宮、高松宮、三笠宮を除く一一宮家が皇室離脱を余儀なくされました。

このうち、すでに途絶えている宮家、もしくは途絶えることが確定している宮家は六つあります。伏見宮、山階宮《やましなのみや》、閑院宮、東伏見宮《ひがしふしみのみや》はすでに断絶し、梨本宮《なしもとのみや》、北白川宮《きたしらかわのみや》は断絶が確定しています。残っている宮家は五つです。具体的に言うと、賀陽宮《かやのみや》、久邇宮《くにのみや》、朝香宮《あさかのみや》、東久邇宮《ひがしくにのみや》、竹田宮《たけだのみや》の五家です。

元来、宮家とは、いざという時に天皇を出すために存在していました。例えば江戸時代、後桃園天皇が皇子不在のまま崩御となり、天皇や先帝の兄弟も不在だったために、閑院宮から当時、八歳だった祐宮《さちのみや》が践祚《せんそ》して光格天皇になりました。現在の天皇陛下は光格天皇のご子孫です。

旧皇族を活用する方法は二つあります。一つは旧皇族の一部を皇族に復帰させる「復帰案」、それともう一つが、現在の宮家が旧皇族から養子を取る「養子案」です。私は今ある宮家を旧皇族から養子を取ることによって、存続させることが王道ではないかと思います。

残っている宮家の中で、未婚の男子は一〇名、既婚男子でも、秋篠宮皇嗣殿下よりも若い世代に限定して数えると一〇名で、合計二〇名います。なぜ既婚まで数えたかというと、なにも、婿養子だけに限らず、夫婦養子でもよいと思うからです。つまり未婚に限定する必要はありません。

ここ一～二年の間に、これらの旧宮家ではさらに何人か子供が生まれたように聞いています。年齢的にも若い夫婦が多いので、子供がどんどん増えてきています。竹田家をみても、いとこに一人、男児が生まれました。それはこの中の数字に入っていますが、竹田家だけで未婚が二名、既婚が四名です。東久邇宮で言えば未婚が五名、既婚が四名います。「養子案」は私が一〇年以上前から主張してきました。従来は天皇本流を継ぐ人がいなくなったら、宮家から連れてきました。今はその宮家全体を見渡しても、独身男性は悠仁親王殿下お一人という状況です。

そこで、旧皇族から養子を取ることによって、現在の宮家を存続させようと考えたわけです。よく誤解されがちなのですが、旧皇族の人がいきなり次の天皇になるというような話ではなく、まずは「宮家を存続させる」ということです。単純に皇族に復帰させるよりも、養子を取るほうが歴史的にも前例があり、しかも人選が自然と行われます。

つまり復帰案だと、誰を復帰させるかを、政府や議会が決めるのは、現実的にはなかなか難しいことだと思うのです。候補として表に出たら週刊誌などがよってたかって潰すということにもなりかねませんし、思惑も絡みます。復帰させる人物を決めるのは、相当難しいと思うのです。

しかし養子の場合は自動的に決まります。宮家を残したいと思うご当主が、旧皇族の中から誰が相応しいかをお考えになり「我が家に養子に入ってもらえませんか」と頼み、そして双方が承諾すれば成立するので、自動的に人選が決まります。これが一つの理由です。

もう一つは予算法案を通す必要がありません。旧皇族の復帰ですと、野党などから「一つの宮家を復活するのに年間いくらかかるのか」などという不毛な議論に付き合う必要が生じます。「そこまでお金をかける価値があるのか」とか、「そこまでお金をかける価値がある」ところが「養子案」の場合は、皇室の財政や財務に関する事項を定めた現行の皇室経済法で対処できるので、予算法案を通さなくて済みます。予算法案を通過させなくてよい法案というのは基本的に通しやすいのです。ですから、この二点においてハードルが低いわけです。

「復帰案」にこだわる保守系学者の私心

かつては「復帰案」ばかりが議論されていました。保守系の団体なども、「旧皇族を復帰させよ、復帰させよ」とずっと言っていたのですが、私は小泉純一郎内閣（平成一三年四月二六日〜平成一八年九月二六日）の時から、「『復帰案』はいいけれども、かなりハードルが高いな」と思っていて、養子こそが一番良いのではないかと主張してきました。養子はかつてさまざまな宮家が途絶えそうになった時に、行ってきたことですから。

ところが私が「養子案」と言うと、保守系のいろいろなグループの学者・評論家たちから猛反発を食らったのです。理由は明らかでした。これまで保守系のグループは勉強会などを開いて議論し、「旧皇族復帰案」を結論として出して動いていたのです。それを「今さら別の案はやりたくない」ということでした。「竹田案が通ったら、自分たちのこれまでの成果が潰されてしまう」という感じで、私のアイデアは目の敵にされました。

具体的にお話ししましょう。麻生太郎内閣（平成二〇年九月二四日〜平成二一年九月一六日）の時に水面下で、皇室典範改正の動きをしていたのです。当時は三笠宮寛仁《みかさのみやともひと》親王殿下がご存命でしたので、保守系の学者たちが寛仁親王殿下の所に説明に行っていました。私は最初から「養子案」を個別に殿下に申し上げていたのですが、保守系の学者たちは「復帰案」を主張していました。

ある時、寛仁親王殿下から電話がかかってきて、「竹田くん、みんな『復帰案』だと言って君の『養子案』については誰も支持しないけれど、どうなの」と聞かれて「私はどっちでもよいと思うので、あえて一方に絞らず、『復帰案』と『養子案』の両方を進めたらよいのではないでしょうか」と答えました。すると再び「竹田案は受け入れられない」と激しい反対に遭ったのです。さらに驚いたことに、保守系グループの主要な学者たちは国会議員会館を訪ねて、「竹田案は駄目だ。自分たちの案で通してほしい」と、政治家を説得して回ったのです。

どうしてこんなに自分が目の敵にされるのかと考えたのですが、要するに学者たちは彼らの案を通したいだけなのです。皇室を守ることよりも、自分たちの学者としての功名心の方が強いのです。

だから私の「養子案」など当時は誰からも相手にされず、その後も私一人で、事ある度に「養子案がいい、養子案がいい」と言い続けてきました。その甲斐があったのかどうかは分かりませんが、最近は「旧皇族を復帰させるか、もしくは旧皇族から養子を取るか」という報道がされるようになってきています。「養子案」が取り上げられるようになったのは、本当につい最近の話なんですね。

宮家を維持することは、皇統の危機に対する備えですから、今すぐに着手しなければなりません。本当の危機が訪れた時にあわてて旧皇族を活用しようとしても、すでに手遅れなのです。

皇統最大の危機も宮家で解決

門田　旧皇族というのは、いわゆる藩屏《はんぺい》ですよね。王朝を維持するために、この藩屏があるわけですが、その方々には藩屏の意識というのがすごく強いですよね。しかも、それが脈々と受け継がれて、実際に宮家同士でも、それを実行して男系をつないでいるわけです。だから皇統を維持するためには、歴史上、今までやってきたことをやればいいだけのことです。その方法としては、旧宮家を復活するよりも、はるかに養子案のほうがハードルが低い。皇室典範の改正を早急にやる必要があると思います。

竹田　その通りです。かつて三回ほど皇統断絶の危機がありました。先ほども話に出た通り、一番古い例は武烈天皇の崩御の後に継体天皇が擁立された時（第一章参照）。二度目の断絶の危機は、室町時代の称光天皇の崩御の後で後花園天皇が皇統を継いだ時です。称光天皇には皇子がなく、称光天皇の父である後小松上皇が、伏見宮貞成《さだふさ》親王の第一皇子彦仁《ひこひと》王を践祚させました。

三度目の危機は最大のものでした。江戸時代後期の安政八年、後桃園天皇が崩御となり、天皇が不在になった時です。後桃園天皇は幼い欣子《よしこ》内親王一人だけを残し、二二歳で崩ぜられたため、皇太子となるべき皇子がいませんでした。さらに天皇の近親には皇族男子が一人もいなかったために、皇位継承者が不在で、空位が生じることになったのです。

このため、空位を避けるために後桃園天皇の崩御はしばらく伏せられ、その間にさまざまな策が検討されました。通常は皇子がいない状態で天皇が崩御となれば、天皇の兄弟や叔父などの歴代天皇の男系の子孫が皇位を継承するのが通例ですが、そうした男系男子もいませんでした。

結局、継体天皇と後花園天皇の先例に従って、遠縁であっても天皇の男系男子を世継ぎとしました。そして世継ぎに選ばれたのが宮家の男子で、東山天皇の男系の曾孫、後桃園天皇とは七親等の遠縁にあたる八歳の祐宮です。この方を後桃園天皇の猶子《ゆうし》としたうえで、世継ぎとする旨を取り決めたのです。先に述べた通り、この祐宮こそが、今の皇室までその皇統が続く光格天皇です。

このように、皇統危機の際には、いずれも宮家から天皇を立てているのです。本来ならば、一皇族として一生終わるはずの人を次の天皇に立てて、天皇本流を継がせているわけです。皇族のほうも途絶えそうになると他の皇族から養子を取って、お互い融通を利かせながら宮家を存続させてきています。まさに、ノンフィクション作家の故・大宅壮一先生の言葉を借りると、「血のスペア」ということになると思います。

現皇室との血が一番近い東久邇宮家

門田　そこで、東久邇家の話をさせていただきたいのです。東久邇家は現在も男系が脈々と続いています。しかも、明治天皇の第九皇女である聰子《としこ》内親王が、東久邇稔彦《なるひこ》様とご結婚されました。そのお子さんの盛厚《もりひろ》様は昭和天皇の第一皇女である成子《しげこ》様とご結婚されました。盛厚様と成子様の間には三人の男子が生まれました。つまり、この三人のお子様は、男系をつないでいるだけでなく、母親が昭和天皇の娘で、祖母は明治天皇の娘ということになります。天皇家との血のつながりという点でいえば極めて濃いですよね。ここにはさらにお子さん、お孫さんと男子が続いていますから、皇統から言っても全く問題がありません。皇室典範が改正されて、「皇族に養子が許されるようになれば……」と思うのは当然ですよね。

ちなみに、盛厚様は陸軍士官学校を卒業され、野戦重砲第一連隊の第一中隊長時代に、ノモンハン事件で戦っています。その息子である信彦さんは、昭和二〇年三月の東京大空襲の時に、防空壕の中で成子様がご出産されたのです。出産に立ち会った医師は、お気の毒にご自分の家族は全部その日の空襲で亡くなっているんです。その医師は仮に成子様のご出産に立ち会っていなかったら、自分も空襲で死んでいただろうと、回顧しています。なお、信彦さんには二人の弟がいて、そこにも息子さんがいます。つまり、脈々と男系がつながっているのです。

竹田　現皇室との近さでいえば、東久邇家が一番近いですね。明治天皇の皇女と皇族が結婚したいわゆる四宮家（竹田宮、北白川宮、朝香宮、東久邇宮）には男系が脈々と続いています。全部、北朝三代・崇光天皇の男系の子孫です。

旧宮家が皇室から分かれたのは六〇〇年前ですが、その間、ただ放置していたわけではなく、皇族、宮家と天皇本流の間で婚姻関係を結ぶことで、血の近さを保ってきました。明治時代には明治天皇の皇女四人が竹田宮、北白川宮、朝香宮、東久邇宮に嫁いでいますし、直近では、昭和天皇の皇女が東久邇宮に嫁いでいます。

門田　女系天皇を主張する人は、絶対に東久邇家のことは話しませんね。これほど血の濃い家系に男子がいることが分かれば、女系を主張する根拠を失いますからね。「安定的な皇位継承を」と言って女系天皇をいくら主張しても、「そんな心配は要りません」となるわけですからね。

だから、いろいろな人たちが、このままでは皇統が途絶えると言いますが、私は「全然そんなことはありませんよ。ただ悠仁親王殿下の健やかなご成長を見守るだけでいいんです」と言っています。東久邇家をはじめ、男系を維持している旧宮家から養子、夫婦養子、家族養子といった「養子縁組」が可能になれば、女系天皇などの必要は全くないのです。女系天皇こそが皇統を途絶しようとする企みであることを知ってほしいですね。


竹田　民間人が皇族になるためには皇室典範の改正が必要になります。そこには皇族の範囲が具体的に示されています。皇室典範には養子制度がありません。このため現在は皇族が養子を取ることができないのです。かといって一般的な養子を認めてしまうと、それこそ素性の怪しい民間男子が皇族になってしまうのも困ります。

ですから、皇室典範の条文は「昭和二二年に皇籍を離脱した宮家の男系男子に限って、養子を取ることができる」とすればよいと思います。

いずれにせよ、旧皇族から養子を取るのも、旧皇族を復帰させるのも、皇室典範の改正が伴います。整理しますと、旧皇族の活用方法は基本的に二種類あります。一つは単純に復帰するという案です。もう一つは養子を取ることによって、既存の宮家を残すという案です。前者ですと、例えば東久邇宮のような形で復帰することになりますし、後者ですと既存の宮家を継ぐということですから、例えば常陸宮や三笠宮を継いでいくことになろうかと思います。

河野太郎氏は女系論者

門田　私は「安定的皇位継承」を理由に皇室典範改正による「長子継承」を主張している河野太郎防衛相（当時）に対して二〇二〇年八月二一日に以下のツイートをしました。

〈河野防衛相〝次期総理待望論〟のネックは女系天皇論者である事。2016年10月19日ブログで氏は安定的皇位継承を理由に皇室典範改正による長子継承を主張。悠仁親王廃嫡論だ。唯一の皇統ルールを捨てる訳である。悠仁親王も、更に男系が続いても、もはや皇位と関係なし。信じ難い〉

河野氏には、現実派の政治家として国民の期待は小さくありません。私もさまざまな面で期待をしている政治家の一人なんですが、どうしても氏が女系天皇論者であることが気になっていました。それで河野氏のネックは女系天皇論者であることにあり、これに対して「唯一の皇統ルールを捨てる」意味を知って欲しかったのです。

すると、このツイートがあちこちで話題になり、防衛省での記者会見で記者から女系天皇について質問が飛び出したんです。その質問に河野氏はこう答えました。「皇室の女性は今、結婚すると皇室から外れるわけだが、とにかく女性も皇室に残す、そして男の子がいなくなった時にはしょうがないから、愛子さまから順番に女性の皇室のお子さまを天皇にすることを考えるのが一つ」という発言をして、さらに大きな話題になってしまったんです。

さらに、それまではしばらく更新していなかった動画を更新し、男系の宮家といっても、「およそ六〇〇年前に分かれている」と言って、女系天皇にならざるをえない説明をしたわけです。それで賛否両論の議論になりましたね。しかし、これのおかげで河野氏は秋の総裁選への出馬断念に追い込まれます。派閥の親分である麻生太郎氏が「河野氏の女系天皇論に激怒した」等のさまざまな情報が飛び交いました。保守派や現実派の議員たちからは「あいつは不勉強なだけなんだ」という批判まで起こりました。

竹田　どうやら河野氏は女性・「女系」天皇賛成の情報ばかりに触れている感じです。その手の主張ばかり見ると、妙に論理的で正しそうに思えてしまいますが、やはり物事は両方の主張を理解したうえで、自分の意見を定めないといけないと思います。しかし、河野氏の書きぶりを見ると、片方の情報だけで考えて書いているなと思えてなりません。男系継承派の重要な主張と突き合わせたような形跡がありません。女系容認派が言うことをつらつらと述べているだけなのです。それが勉強不足ということだと思うのです。両論を突き合わせてみたら、男系継承のほうに分があるに決まっています。それをせずに、堂々と意見を開陳してしまうところに、危うさを感じます。

河野氏は二〇二〇年八月二四日付の自らの公式サイトで次のように書いています。

〝旧宮家と現在の皇室の男系のつながりは、伏見宮貞成親王まで遡ります。伏見宮貞成親王とは、1428年に即位された第102代後花園天皇の父君です。後花園天皇の弟の貞常親王が伏見宮を継承し、旧宮家はいずれもこの伏見宮貞常親王の子孫になります。ですから、旧宮家と皇室の男系は、およそ600年前に分かれたのです。

実は皇室と家系的にはもっと近い男子がいます。「皇別摂家」といわれる家系です。藤原氏の嫡流で、摂政・関白に昇任することができた近衛家・九条家・鷹司家・一条家・二条家の5つを摂関家とよびます。このうち、近衛家と鷹司家、一条家にはそれぞれ皇族男子が養子に入って家を継ぎました。近衛家には1599年、後陽成天皇の第四皇子が養子に入りました。一条家には1609年、後陽成天皇の第九皇子が養子に入りました。鷹司家には1743年、東山天皇の第六皇子、閑院宮直仁親王の第四皇子が養子に入りました。この三家とも既に本家は男子が断絶し、養子を迎えたため、皇室の血を伝えてはいませんが、分家あるいはこうした家から養子に迎えられた先で男系が続いているところがあるようです。

1400年代初頭に皇室から分かれた旧宮家よりも、血統という点では皇室に近いといえるかもしれませんが、いずれも養子に出た時点で皇籍を離れたわけですから、旧宮家よりもはるか昔に皇籍を離脱しています。しかし、男系天皇の維持ということを考えれば、皇別摂家の血を引く男性にも婿入りの可能性はあるかもしれません。問題は、旧宮家ならば600年前に皇室から分かれた家、皇別摂家の場合でも400年から250年前に皇室から分かれた家の男子を皇室の養子にして、そこで生まれてきた男子をお世継ぎにするということが国民に広く受け入れられるかどうかです〟

この文章には不勉強と思われる箇所が随所に見受けられます。別に私たちは六〇〇年前に戻れと言ってるわけではなく、七〇年ちょっと前に戻るべきと述べているに過ぎません。旧皇族一族は、昭和二二年まで皇族だったわけです。私の祖父である竹田恒徳も当時、皇位継承順位を持つ正真正銘の皇族でした。何も六〇〇年遡れという話をしているわけではありません。ありもしない幻想を創り上げてそれを批判するというのは、左派の常套手段です。

しかも、六〇〇年離れているから駄目だというのもおかしい。現在の天皇陛下は神武天皇から二〇〇〇年以上離れているじゃないですか。河野太郎氏の考えに立ったら、現在の天皇陛下は神武天皇から離れすぎているから「無価値」ということになってしまいます。時間が経ったから駄目なのではなくて、悠久の時を経てもなお血統が受け継がれていることが重要なのです。

確かに、旧皇族一族は男系の血筋としては六〇〇年前に分かれましたが、先ほど述べたように、明治天皇や昭和天皇の皇女たちが嫁ぐなどして、天皇本流とは、婚姻を通じて血の近さを保ち続けてきました。しかも、長年皇統譜に記載し続けてきたことで、その血統が公証されていることも重要です。どこぞの「御落胤」とは訳が違います。

また、天皇本流の跡取りが不在の時には、閑院宮から天皇を立てました。逆もまた然りなのです。

やり手だった光格天皇と継体天皇

門田　今の天皇は閑院宮家ですからね。先ほども述べた通り、後桃園天皇が崩御された時に、系譜としては東山天皇まで遡り、それで下がってきた形です。つまり桃園天皇、桜町天皇、中御門天皇、東山天皇と四代上がって、それから閑院宮直仁親王、閑院宮典仁親王、光格天皇と三代下がってくるわけです（系譜図①参照）。新井白石が皇統の断絶を危惧して、三宮家だけでは将来は危ういということで新しい宮家の創設を建言し、一七一〇年に閑院宮家が創設されました。そして七〇年後に閑院宮から出た光格天皇が即位されて、実際に皇統の危機が救われるわけです。また、その光格天皇が非常に優れていたわけですよね。

学問や音楽に秀で、歌道の達人であったほか、途絶えていた朝廷の儀式を復活させるなど次々にいろんなことをやって、この閑院宮家の血筋が今も続いているわけです。しかし本体の家としての閑院宮は途絶えてしまいました。

それで言うと、継体天皇も凄いですよね。名前も「体制を継ぐ」という意味だと思うんですよね。没後に贈られた名前とのことですが、やはり受け継いだことを前面に出して、

系譜図① 江戸時代の女性天皇と光格天皇に関する略系図

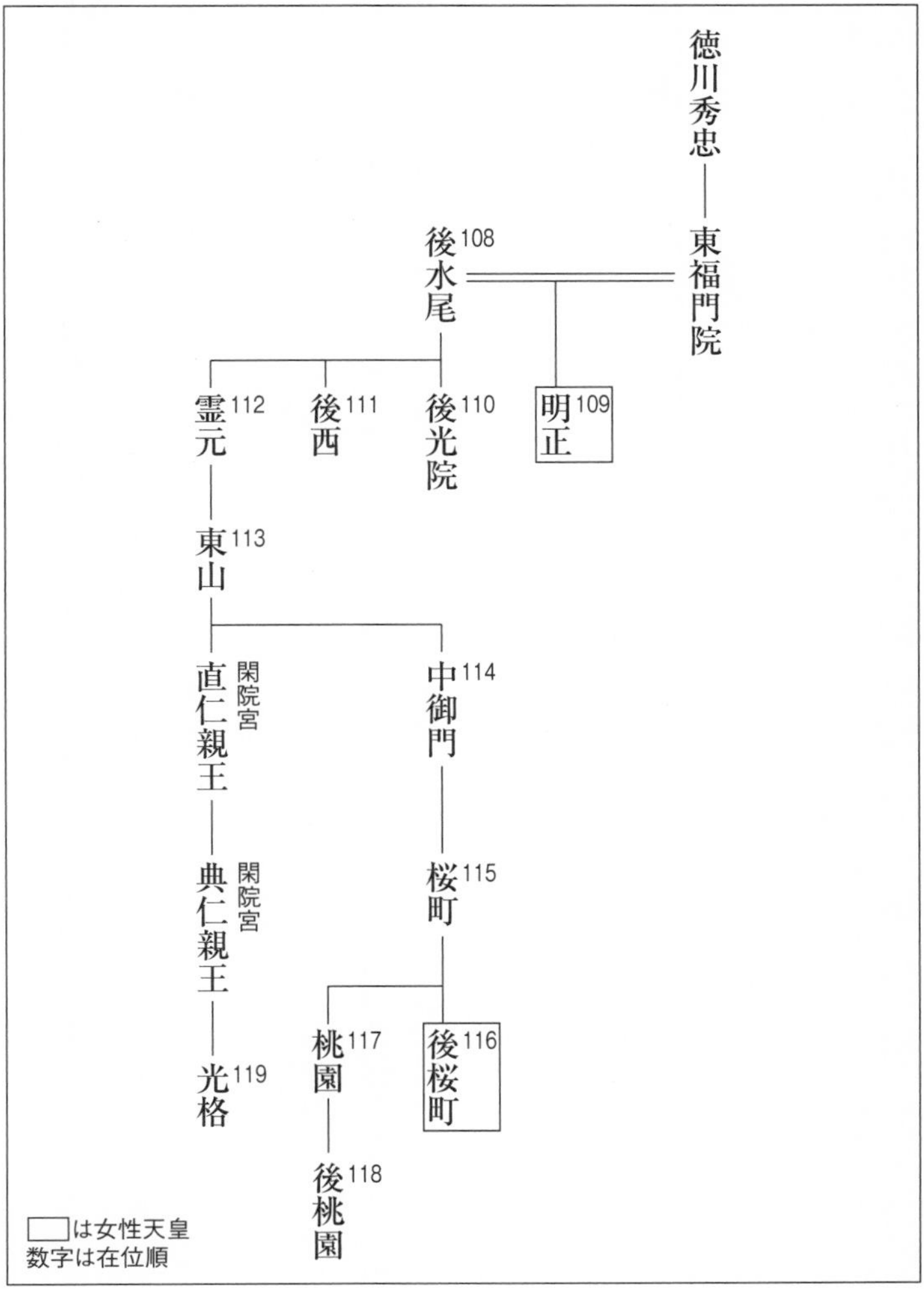

名前でも分からせるということでしょう。
継体天皇は応神天皇の男系の五世孫。武烈天皇が崩御され、皇統が途絶える危機に陥った。それで、仁賢天皇、磐坂市辺押磐皇子、履中天皇、仁徳天皇、そして応神天皇と五代遡って、それから五代下ってくるわけです（系譜図②参照）。

竹田　古代以前の天皇の息子たちは地方にどんどん散っていって、地方の豪族の娘さんと結婚しました。だから、およそ地方の豪族というだけで、天皇と血縁関係があると見られます。五代も遡るのは嘘だと主張されますが、天皇の御子が全国に散らばって行ったのは、応神天皇などまさにその時代ですから、御子が越前あたりの豪族となり、わずか五代にわたって勢力を担っていたのは、むしろ普通の話です。
それは極自然で当たり前のことであって、関係がないというほうがよほど不自然です。だから全国に散らばった天皇の血縁の中から、世継ぎを出すというのは当然の成り行きだと思います。

系譜図② 継体天皇に関する略系図

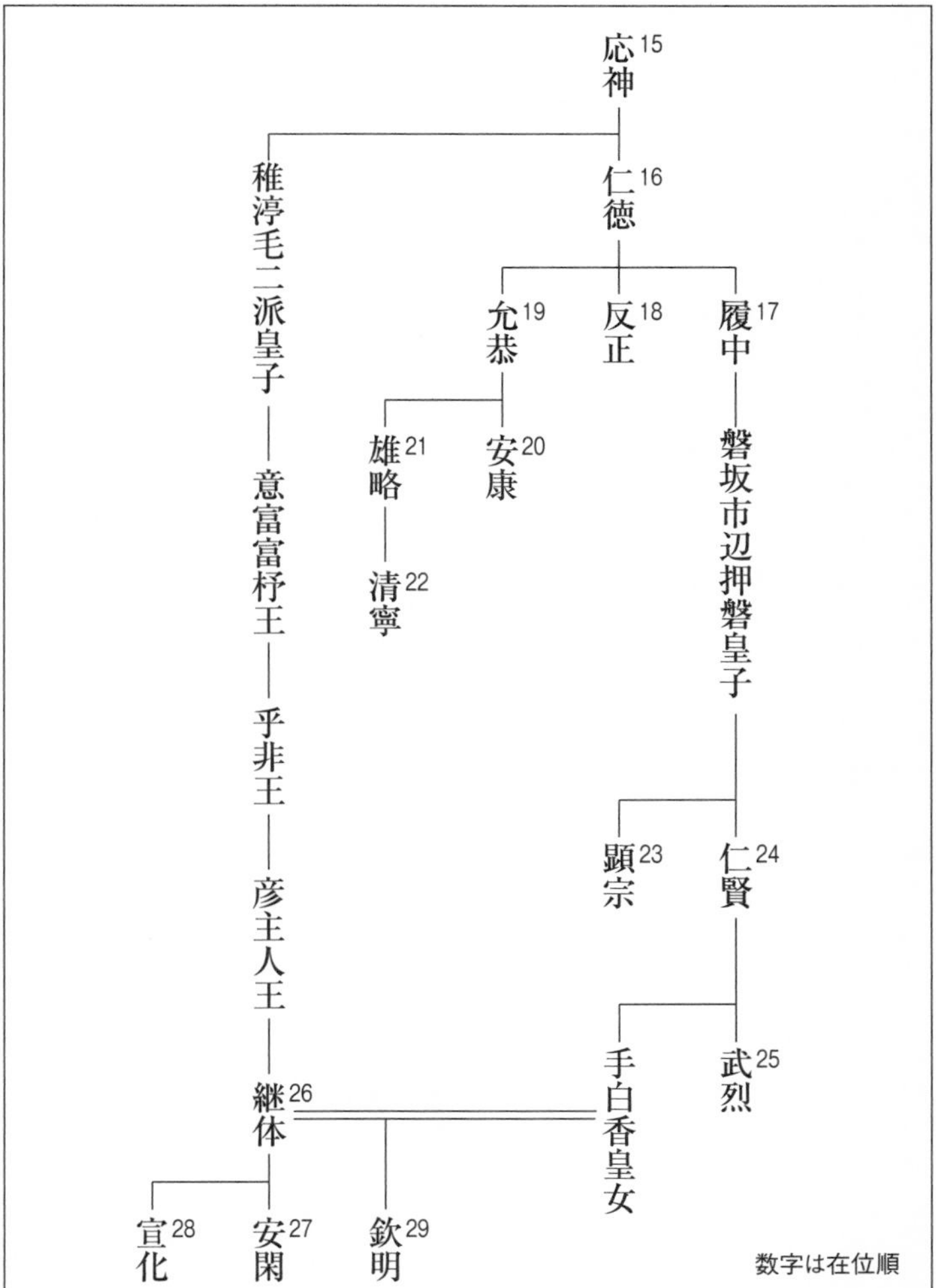

第三章 まぼろしとなった「養子案」

問題提起 天皇を政治利用する人たち 竹田恒泰

デマだった「天皇陛下のご意思は女系天皇」

実は、今だから話せることですが、平成二一年（二〇〇九）に私の「養子案」は成立ギリギリのところまで行っていたのです。やはり学者たちの言う旧皇族を復帰させることだけを目指した「復帰案」には無理があり、実現性が高いのは「養子案」だと分かっていましたので、皇室典範の改正趣旨などを書いた案を私が用意しました。そして、自民党若手の有志国会議員数名（あえて名前は伏せておきます）が実行部隊となり、政務担当官房副長官だった故鴻池祥肇《こうのいけよしただ》議員を核として、麻生総理を説得して皇室典範改正法案提出の方針を決定するまで至りました。

ところが、その作業の途中で、寬仁親王殿下から学者たちがとりまとめた復帰案との擦り合わせをして、一つのチームで当たるようにしてほしいとの御下命があり、皇室典範の第九条を改正することを軸とした「養子案」と、同第一五条を改正することを軸とした「復帰案」の両方を盛り込んだ共同法案をまとめ上げ、その「皇室典範改正案」を、皇室典範改正準備室を経て、内閣法制局で検討する段階にまで進みました。内閣法制局を通過したら、宮内庁提出法案として、内閣委員会に提出する予定でした。

ただ、これを内閣委員会で議論すると報道で表に出てしまい、潰されてしまう恐れが生じます。そこで、委員長の判断で本会議場に送るというようにしてもらえればよい、と考えました。本会議場に出たならば、このまま法案が通りますから。

女性・「女系」天皇を認めるとなると、皇室典範の基本原則を変更することになりますが、旧皇族から養子を取るという形であれば、原則の変更がないので、有識者会議を開く必要もありません。それで「本会議場送り」に向けて作業を進めていました。

そうしたら、予想もしていないところから横やりが入ってきました。当時、事務担当官房副長官だった漆間《うるま》巌《いわお》氏が、この皇室典範改正案の提出を見送る方針を立てたというのです。そして、その理由は何と「麻生総理が（平成二一年）三月に陛下に内奏《ないそう》した際、典範改正について申し上げたところ、陛下（現上皇陛下）は旧皇族の復帰を快く思召《おぼしめ》されなかったため、典範改正を見送ることにした」というのです、この計画の実行部隊の国会議員の一人が、その真意を漆間氏に直接確かめに行ったところ「陛下の御意思を確認しなければ準備を進めることはできない」と明言したといいます。

皇室典範改正法案の提出は、すでに麻生総理の方針になっていましたが、事務担当官房副長官は、事務次官等会議で各閣議案を事前に確認して、閣議に上程しないことを決定することができる強い権限を持っています。その任にある漆間氏が職権を使って、この法案の提出を止めたのです。政治家が法案を通そうとしたところ、官僚がこれを止めた構図になります（現在は事務次官等会議は廃止されている）。

陛下の大御心《おおみごころ》を語るこの手の話は、大抵誰がどこで聞いたかという具体的な伝聞状況は伝えられないものですが、この時ばかりは「三月」の「麻生太郎総理」の「内奏」の際に「陛下」から「直接」と、かなり具体的に伝えられました。しかも、話の出所が事務方のトップということでしたから、より信憑性の高い話として、多くの国会議員がこれを信じてしまったのです。そして「女系継承で行くのがご意思に沿うことで、男系継承は駄目だ」との雰囲気に変わってしまいました。

そこで私は寛仁親王殿下の所に行って確認しました。「殿下、このような話が政府内で出回っているのですが、本当でしょうか」と。そうすると殿下は驚いた様子で「一〇〇％ありえない。分かった、確認してくる」と仰せになり、「おやじ」（三笠宮崇仁親王殿下《みかさのみやたかひと》）に頼んで確認してきてもらうからと、直接、大殿下に電話なさいました。

そして数日後、寛仁親王殿下から私の携帯に電話があり「恒泰君、あの噂は嘘だったよ」と教えて下さったのです。どうやら、大殿下も「絶対にありえない」と思召され、急いで参内なさって、天皇陛下（現上皇陛下）に拝謁して直接真偽をお確かめになったというのです。

その時の天皇陛下のお答えは、「麻生総理の内奏の折に皇位継承の話題が出たことはない」とのことでした。イエスともノーとも仰らないながらも、漆間氏の言が虚偽であることをお示しになったのです。これが陛下のすごいところで、もし「男系継承が望ましい」あるいは「女系継承が望ましい」との仰せなら、それは陛下の政治的なご意見になります。そうではなく、「麻生総理の内奏の折に皇位継承の話題が出たことはない」とお答えになったわけです。ものすごく秀逸なお答えだと思うのです。少なくとも陛下のご意思が「女系継承」であるという話は、これによって嘘であることが分かりました。

安倍政権が皇室典範改正をできなかったなぞ

漆間巌氏も、まさか天皇陛下にまで確かめる人がいるとは思わなかったでしょう。それを私が宮様に頼み込んで確かめてしまったので、嘘だとバレてしまったわけです。あの時の寛仁親王殿下は相当ご立腹でした。「天皇陛下のご意思は〇〇である」という類の噂はまことしやかに語られることがありますが、このような「精度」の高そうな話であっても、結局は嘘なのです。

そうしているうちに、五月一三日、法案提出の中心人物だった鴻池祥肇議員が政務担当官房副長官を辞任することになりました。表向きは体調不良ですが、週刊誌から批判された議員パスの不適切な使用についてのスキャンダル記事がその理由と見られます。

漆間氏の横やりで立ち往生している内に、七月二一日に衆議院が解散となり、麻生政権が終わってしまいました、そうしたゴタゴタで時間をとられてしまい、ついに法案を通すことができませんでした。特に、先に述べたような学者を中心とした一部の保守系グループの妨害と、漆間官房副長官から出た虚言、この二つによって、法案は潰されてしまったのです。しかし、あの時は本当にチャンスだっただけに、今も残念でなりません。

麻生政権がもう少し続いていれば、この法案を通すことができたはずなのです。法案説明から全部、私が作って、チェックを入れて法案を完成させて、これでいけると強く思っていました。

皇室典範改正準備室というのが内閣府の中にあります。小泉内閣の時に設置されてから、現在も存在しているのですが、麻生政権の時にそこにいた何人かの人たちと、有志の国会議員と私とで連携しながら、法案を通すための準備作業をしました。その後、なぜ安倍政権の時に、この改正をやらなかったのかと疑問なのです。

安倍総理は現職時代に、読売テレビの『そこまで言って委員会』に何回か出演していましたが、その度に私は番組内で、「皇室典範改正をお願いします」と申し上げました。安倍氏自身も総理になる前は「旧皇族を活用する形で改正する」と、度々主張していました。

ところが総理になった後、パタッとその話がなくなり、選挙に勝って安定多数を取ってからやるものと期待したのですが、その後も、そのような動きにはなりませんでした。

天皇陛下の譲位に伴う皇位継承の話が出てきて、おそらくそれどころではなくなったのだと思いますが、これだけ長期政権だったにもかかわらず、保守派一同が待望していた皇室典範改正を行わなかった理由が何なのか、今でもよく分からないのです。

共産党が女系天皇を推す深謀遠慮

門田　これは秘話中の秘話ですね。ぎりぎりまで行きながら、これが最終段階で阻止されたのは残念でなりません。この話の重要な点は三つあります。

一つは、虚偽を用いてでも、「女系天皇」を実現したい勢力が存在するということ。漆間さんのお話の真偽は分かりませんが、君側の奸という言葉があるように、本当に天皇陛下の言葉を創り上げてまで女系天皇を実現せんとする勢力がそこまで力を持っているとしたら、本当に暗澹とします。

二つ目は、女系天皇に関しての「意識の浅さ」を表わすエピソードだということです。後で共産党の理論的支柱だった憲法学の故・奥平康弘氏の話をさせていただきますが、女系天皇の実現というのは、奥平理論に基づけば、皇室を消し去るためのものであることが分かります。

天皇は皇統、すなわち正当な血筋が根本ですから、女系天皇が実現すれば、先ほども言ったように、どういう家系の天皇が生まれるのか分からなくなるし、国際結婚になった場合は、中国系、韓国系、英国系、米国系……さまざまな系統の天皇が生まれることにもなります。そうなってから、五〇年、一〇〇年、二〇〇年が経過した頃、国民が共感できない天皇が生まれた時、皇室の存在は揺るがないでしょうか？　どうせ皇統は途切れているんだから、「もう皇室は要らない」などという意見が大勢を占めるような事態が起こらないとも限らない。

共産党や立憲民主党のような政治勢力がなぜ女系天皇を推すのか、その理由はまさにそこにあることを知ってほしいですよね。竹田さんのお話は、これに日本の指導者層すら「わかっていない」ことを表わしています。本当に残念です。

三つ目には、希望が持てるほうの観点ですが、日本の政界には麻生太郎氏など、この問題をよく理解している政治家がいることを示すエピソードでもある点です。私も、麻生さんとこの問題を一度話す機会があったのですが、麻生さんは本当に本質に詳しいし、確固たる信念とご意見をお持ちの方ですよね。妹さんが現に皇族になられた方ですから、当然といえば当然なんですが、こういう政治家をいかに応援して、女系天皇を阻止できるか、ということ。これは、問題の核になりますよね。先ほども触れましたが、有力な首相候補である河野太郎氏の〝親分〟は麻生さんですから〝教育〟に期待したいですね。

それにしても、麻生政権が短期間で終わったのは本当に残念です。皇室典範の改正は早急にやってほしいですね。

安倍政権がやり残したことはたくさんありました。二〇一八年九月、総裁選に勝って、これでいよいよ憲法改正に挑むかと思ったら、入国管理法の改正問題をやり始めました。「ええ？　なぜ」と思いましたね。もちろん入管法改正も大事ですが、順番が逆ではないか、と。皇室典範改正もやらなければならなかった。「ああ、これは、やる気がないんだな」と、非常に失望したことを覚えています。

旧皇族はベビーブーム

竹田　「養子案」については、一つ上策があります。特別養子縁組というのは年齢を区切っていますから、養父が法律上の親になります。先ほど「旧皇族は今、ベビーブームですよ」と話しました。一人目の子供を養子に出すのは抵抗感があるかもしれませんが、二人目や、三人目が男の子ならば、「これで皇統が保たれるのなら、この子は宮家で育ててもらいましょう。協力させてもらいます」と言う人が出てきてもおかしくありません。

この場合、生まれたての赤子《あかご》のうちに宮家に入り、それなりのしつけを受ければ、完全に宮家の人間として育つことになります。このようなことを言うと「可哀想だ」と文句をつける人がいそうですが、民間でしきりに行われている養子とは、そういうものです。小学生や中学生になって養子に行くほうが、よほど可哀相です。

現在の皇族と旧皇族一族が一堂に会する菊栄親睦会では、そうした世継ぎの話を明確にはしていません。しかしながら、旧皇族の一部にはかなり危機感、緊張感を持つようになった人もいます。

残念ながら、小泉内閣の時、旧皇族一族には「総理が言っているのだから、女系でもよいのではないか」と言う人もいました。ところが私が、『語られなかった皇族たちの真実』（小学館）という本を上梓し、ありがたいことに同書が山本七平賞を受賞し、私の主張が伝わったことや、寛仁親王殿下が男系維持の重要性についてご発言になったことなどで、女性天皇と「女系天皇」の違いを理解して、男系継承の重要性を認識した人も多かったようです。

そして私もしばしば旧皇族の方から「あなたの意見を聞きたい」と声がかかり、皇位継承に関する勉強会で意見を述べたこともありました。旧皇族の意識は変わりました。さすがに、自分たちから率先して、皇族に「なりたい」という人はいませんし、誰を宮家に復帰させるというようなことを積極的に述べる人もいません。あまりに畏れ多く、言えた立場ではないからです。しかし将来、もし政府から、もしくは天皇陛下から要請があった時に、「自分たちとしてもゼロ回答というわけにはいかない」と受け止めるようになっています。

旧皇族一族は、自分たちから皇族復帰に手をあげることは絶対にしないが、問題の本質を知っておかなければならないし、いざ求められれば何らかの答えを出さなければいけない、という緊張感を共有するようになってきました。

門田　やはり、竹田さんの存在は大きいですねえ。旧皇族の方々も、心の中では思っていても、これが理論的にどうなのか、法律的にはどうなのか、また歴史的にはどうなのか、となると、知っているようで口に出して説明するのは難しいものです。それを竹田さんが一人ですべてやってのけた。そして亡くなられた三笠宮寛仁親王のように、そのことにものすごく理解してくれた方もいたわけです。嬉しいことですよね。この本を読んでもらって、「旧皇族は今、ベビーブームですよ」という話も知ってほしいですね。

旧皇族のことでいえば、先ほど触れさせてもらった東久邇家ですが、盛厚氏と成子様の第一子である東久邇信彦さんが、平成三一年三月二〇日に亡くなりました。信彦さんは祖母が明治天皇の娘で、母親（成子様）は昭和天皇の長女です。その方が令和になる直前で逝去されたのは残念でしたが、ここに男系男子がしっかり維持されています。

御代替わりを前にして、二〇一八年から一九年にかけては、皇室に対する世間の関心が特に高かったですよね。その頃、『週刊新潮』が皇位継承問題について信彦さんのコメントをとっています。お子さま方の養子縁組について尋ねると、「いやいやそんなことは……」と答えをはぐらかせています。当然ですよね。まさか「いつでも行動できるように、待っています」とは絶対に言えませんから。しかし、旧皇族の方々は責任感が強いですから、皇族の養子縁組が可能になる皇室典範改正が行われれば、皇統を途絶させるような女系天皇論は、一気に説得力を失うことになると思います。

知られざる旧皇族の覚悟

竹田　「皇族に復帰したいか、したくないか」と問われれば、「したくない」というのが旧皇族の多くの人の本音です。一般の人だったら、自分が皇族になれるチャンスだと聞いたら、「養子に行ってみたいなあ」と思う人もいるかもしれません。しかし、私たち旧皇族一族には、皇族のご日常がどれほど自由がなくて、どれほど難しいお立場でいらっしゃるかをよく分かっています。だから、望んで自分から皇族に復帰したいと考えている人はいません。

しかし、尊い役目を担っていらっしゃる皇族方を「お支えする」という気概を持った人も多いですから、自分から率先してやりたいという人はいないにせよ、「旧皇族を活用する以外に皇統は守れない」となった時には「全員、知らぬ存ぜぬというわけにはいかぬ」という意識はあります。だから「皇統を守るにはどのような方法があるのか、私たちとしてはどのような心持ちでいるべきなのかを話してほしい」と言われて、私が呼ばれたりするのです。

門田　竹田さんの〝広報力〟〝発信力〟は日本の文化人の中でも有数ですから、旧皇族の方々は強力な「武器」を持っていることになりますね（笑）。先にも話しましたが、昭和二〇年の東京大空襲の時に防空壕で生まれた東久邇信彦さんは、宮家が廃止される二歳まではれっきとした皇族だったのです。信彦さんにも継承順位の番号がついていました。

この東久邇家のことを、私はインターネット放送チャンネル『文化人放送局』できちんと話しました。そうしたらMCの生田よしかつさんも「それじゃあ、女系天皇なんか全然必要ないじゃないですか」と驚いていました。さらに生田さんから、「なんでそれをみんな言わないいんですか」と問われたので、「女系天皇や女性宮家を実現させるために、このことを意図的に隠して議論しているのです」と言わせてもらいました。

一般の国民が夫婦養子や普通の養子、いろいろとできるのに、なぜ皇室だけが禁止されているのか、制約を受けているのか、「それがおかしい」ということですよね。老齢となられた常陸宮様が車椅子に乗っておられるお姿を見ると、そういう極めて血の濃い家から養子をお取りになれば、常陸宮家は続くわけです。国民の一人として、なんとか、そういう自由を得ていただきたく思いますね。

私などは、「またこいつらが勝手なこと言って、その人たちの意思はどうなんだ」と猛烈に批判されるわけです。しかし、誤解しないでほしいんですよ。これは強制的に「これをせよ」というのではありませんから。禁止を解いて、養子がとれるようにしたほうがいいと、提案しているだけのことですから、するのもしないのもご自由なんです。そして東久邇家をはじめ、男系を維持している旧皇族の方々にも、「あなたには使命があるんだからこうしていただきたい」と主張しているのではありません。そこは誤解しないようにしてほしいのです。

竹田　「養子案」のほうが旧皇族の「復帰案」よりもよいもう一つの理由は、例えば常陸宮家に養子に入れば、常陸宮同妃両殿下から「皇族は、こうあるべきだ」との教えを受けることになるでしょう。糸の切れた凧にならないのです。

宮家同士の間には遠慮があって、よその宮家のことにあまり口を挟んではいけないという雰囲気が漂っています。例えば「東久邇宮」として復帰した場合、他の宮家はその在り方に誰も口を挟まないでしょう。それだと皇族としての在り方に、問題が生じてしまうかもしれない。その可能性が低くなるのが養子案です。

ただしそれには、皇室典範の条文を微修正しなければいけない箇所が随所にあります。「皇位継承順位をどのように判定するのか」とか「旧皇族を復帰させたとしても、その父親が民間人だった場合に、万世一系が切れるがどうするか」「没後に父親に親王を追封する」など……。また、皇室経済法、皇統譜令、皇室令及附属法令廃止ノ件などの関連法も修正せねばなりません。

これらについて、先に述べたように、麻生政権時代に議論を尽くし改正案をまとめ上げました。以下少し長くなりますが、現在の皇室典範とその関連法案のポイントになる部分と、皇室典範改正案を並べて掲載します。学者グループの復帰案と擦り合わせして作った「合同法案」は、私が一人で書き上げたものではないため、ここに紹介するのは見送ることとし、合同案の一歩手前にあった、私が一人で書いた「養子案」の段階の皇室典範改正法案をここにお示しします。ご覧ください。変更点には傍線を引いてあります。

皇室典範（昭和二十二年一月十六日法律第三号）（抄）

第一条　皇位は、皇統に属する男系の男子が、これを継承する。
第二条　皇位は、**全て実系により**、左の順序により、皇族に、これを伝える。
一　皇長子
二　皇長孫
三　その他の皇長子の子孫
四　皇次子及びその子孫
五　その他の皇子孫
六　皇兄弟及びその子孫
七　皇伯叔父及びその子孫
②　前項各号の皇族がないときは、皇位は、それ以上で、最近親の系統の皇族に、これを伝える。
③　前二項の場合においては、長系を先にし、同等内では、長を先にする。
第三条　皇嗣に、精神若しくは身体の不治の重患があり、又は重大な事故があるときは、皇室会議の議により、前条に定める順序に従つて、皇位継承の順序を変えるこ

とができる。
第四条　天皇が崩じたときは、皇嗣が、直ちに即位する。
第五条　皇后、太皇太后、皇太后、親王、親王妃、内親王、王、王妃及び女王を皇族とする。
第六条　嫡出の皇子及び嫡男系嫡出の皇孫は、男を親王、女を内親王とし、三世以下の嫡男系嫡出の子孫は、男を王、女を女王とする。
②　第九条ただし書きの規定により、皇族の養子となつた者を王とする。また、昭和二十二年十月十四日に皇籍離脱した旧皇族男子の男系の男子が、内親王又は女王と婚姻したときは、皇室会議の議により、王とすることができる。
③　前項の規定により王となつた者の嫡男系嫡出の子孫は、男を王、女を女王とする。
第七条　王が皇位を継承したときは、その兄弟姉妹たる王及び女王は、特にこれを親王及び内親王とする。
第八条　皇嗣たる皇子を皇太子という。皇太子のないときは、皇嗣たる皇孫を皇太孫という。**皇太孫のないときは、皇嗣たる皇弟を皇太弟という。**
第九条　天皇及び皇族は、養子をすることができない。**ただし、昭和二十二年十月十**

四日に皇籍離脱した旧皇族男子の男系の男子が、皇室会議の議を経て、皇族の養子となる場合は、この限りではない。

第十条　立后及び皇族男子の婚姻は、皇室会議の議を経ることを要する。

第十一条

①　年齢十五年以上の内親王、王及び女王は、その意思に基き、皇室会議の議により、皇族の身分を離れる。

②　親王（皇太子及び皇太孫を除く。）、内親王、王及び女王は、前項の場合の外、やむを得ない特別の事由があるときは、皇室会議の議により、皇族の身分を離れる。

第十二条　皇族女子は、天皇及び皇族以外の者と婚姻したときは、皇族の身分を離れる。**ただし、傍系血族たる養方の養子と婚姻したときは、この限りではない。また、昭和二十二年十月十四日に皇籍離脱した旧皇族男子の男系の男子と婚姻したときは、皇室会議の議により、皇族の身分を離れないものとすることができる。**

第十三条　皇族の身分を離れる親王又は王の妃並びに直系卑属及びその妃は、他の皇族と婚姻した女子及びその直系卑属を除き、同時に皇族の身分を離れる。ただし、直系卑属及びその妃については、皇室会議の議により、皇族の身分を離れないものとすることができる。

第十五条　皇族以外の者及びその子孫は、女子が皇后となる場合及び皇族男子と婚姻する場合を除いては、皇族となることがない。ただし、昭和二十二年十月十四日に皇籍離脱した旧皇族男子の男系の男子が、次の各号に該当する場合は、この限りではない。

一　第九条ただし書きの規定により、皇族の養子となつた場合

二　内親王又は女王と婚姻した場合

②　第九条ただし書きの規定により、皇族の養子となつた者及び、内親王又は女王と婚姻して皇族となつた旧皇族男子の男系の男子と、その以上の男系において最近親の皇族との間の男子には、没後、親王を追号する。

第十七条

①摂政は、左の順序により、成年に達した皇族が、これに就任する。

一　皇太子又は皇太孫

二　親王及び王

三　皇后

四　皇太后

五　太皇太后

六　内親王及び女王
②　前項第二号の場合においては、皇位継承の順序に従い、同項第六号の場合においては、皇位継承の順序に準ずる。
第二十三条
①　天皇、皇后、太皇太后及び皇太后の敬称は、陛下とする。
②　前項の皇族以外の皇族の敬称は、殿下とする。
第二十四条　皇位の継承があつたときは、即位の礼を行う。
第二十五条　天皇が崩じたときは、大喪の礼を行う。
第二十六条　天皇及び皇族の身分に関する事項は、これを皇統譜に登録する。
第二十七条　天皇、皇后、太皇太后及び皇太后を葬る所を陵、その他の皇族を葬る所を墓とし、陵及び墓に関する事項は、これを陵籍及び墓籍に登録する。
第二十八条
①　皇室会議は、議員十人でこれを組織する。
②　議員は、皇族二人、衆議院及び参議院の議長及び副議長、内閣総理大臣、宮内庁の長並びに最高裁判所の長たる裁判官及びその他の裁判官一人を以て、これに充てる。

③　議員となる皇族及び最高裁判所の長たる裁判官以外の裁判官は、各々成年に達した皇族又は最高裁判所の長たる裁判官以外の裁判官の互選による。

第二十九条　内閣総理大臣たる議員は、皇室会議の議長となる。

第三十四条　皇室会議は、六人以上の議員の出席がなければ、議事を開き議決することができない。

第三十七条　皇室会議は、この法律及び他の法律に基く権限のみを行う。

皇族の身分を離れた者及び皇族となつた者の戸籍に関する法律（抄）

第四条　皇族以外の女子が皇后となり、又は皇族男子と婚姻し、**又は皇族の養子となり、もしくは皇族女子と婚姻して王となったときは、**その戸籍から除かれる。

皇室経済法（抄）

第四条　内廷費は、天皇並びに皇后、太皇太后、皇太后、皇太子、皇太子妃、皇太孫、皇太孫妃、**皇太弟、皇太弟妃**及び内廷にあるその他の皇族の日常の費用その他内廷諸費に充てるものとし、別に法律で定める定額を、毎年支出するものとする。

皇統譜令　増補案

> 増補第一条　皇室典範第九条二項の規定により、親王を追号した時は、そのものにつき一欄を設け、欄名を親王とし、追号の年月日を登録する。

平成二四年一月二三日

皇室典範改正法案について

必要性

確かに、秋篠宮家に親王がお生まれになり、天皇は確保された。
悠仁親王は法的にも歴史的にも正当な皇位継承者。
よって、悠仁親王がいらっしゃる手前、愛子内親王女帝論は正当性を失った。
したがって、悠仁親王誕生により愛子女帝の可能性はなくなった。
①ところが、政府は女性宮家創設の検討をはじめた。
それは、成人女性皇族が結婚と共に皇籍を離脱することで、皇族の数が将来激減することへの心配からでたもの。

②確かに、このままでは宮家が一つもなくなることがほぼ確実→皇統断絶の危機
宮家は血のリレーの伴走者。皇統の保険である。

だが、女性皇族は天皇の御公務を担う立場にないことも確か。

本質的には皇統の問題であると認識すべき。
③しかし、だからといって、いかなる手段も許されるわけではない。
女性宮家創設は将来の女系天皇の道を開くものであり、禁じ手というべきである。
④したがって、旧皇族を活用する二つの方法を検討すべきである。
一　旧皇族を皇族に復帰させる方法
二　皇族が旧皇族から養子をとる方法（イ、単純養子、ロ、婿養子、ハ、夫婦養子）

改善策

男系維持の方法論を模索することには常に正当性がある。

女帝論が正当性を失った以上、男系を維持するための方法論を考えなくてはならない。

男系継承は皇室典範の大原則であり、よって、男系継承を守る方策には、常に正当性がある。

宮家を存続させるには、男が生まれれば良い。

だが、若い世代の皇族は悠仁親王お一人だけ。

その上、今後宮家に男のお子様が生まれる可能性はほぼない。


旧皇族の復帰案は手法として煩雑。

そこで、「旧皇族を皇族に復帰させるべき」との論が盛んに主張されるが、どの旧皇族を、何家復帰させるかとの議論は難しい。

しかも、旧皇族の復帰には予算を確保する必要がある。

さらには、現行の皇室典範改正ではなく、新法を立てる必要があり、煩雑。


残された最後の手段は、宮家が旧皇族から養子をとること。

皇室典範は皇族が養子をとることを禁止している（第九条）。

皇室典範を改正し、宮家が旧皇族の男系男子から養子をとれるようにする。

それによって、宮家を存続させることが可能となる。

主な改正点

典範第九条（養子禁止規定）

（現行）天皇及び皇族は、養子をすることができない。

（改正案）天皇及び皇族は、養子をすることができない。ただし、昭和二十二年十月十四日に皇籍離脱した旧皇族男子の男系の男子が、皇室会議の議を経て、皇族の養子となる場合は、この限りではない。

典範第二条（皇位継承の順位）

（現行）皇位は、左の順序により、皇族に、これを伝える。

（改正案）皇位は、全て実系により、左の順序により、皇族に、これを伝える。

典範第十五条（民間人皇籍取得の禁止）

（新設）

二項　第九条ただし書きの規定により、皇族の養子となつた者及び、内親王又は女王と婚姻して皇族となつた旧皇族男子の男系の男子と、その以上の男系において最近親の皇族との間の男子には、没後、親王を追号する。

皇統譜令増補第一条

（新設）

皇室典範第九条二項の規定により、親王を追号したときは、その者につき一欄を設け、欄名を親王とし、追号の年月日を登録する。

上記に関連して、「皇室典範」第六条（皇族の範囲）、第十二条（婚姻による皇籍離脱）、第十五条（民間人皇籍取得の禁止）、「皇族の身分を離れた者及び皇族となつた者の戸籍に関する法律」、第四条に条件追加などの修正を加える必要がある。

法案のポイント

①**原則の変更を行わず、例外規定を設けるのみの小幅修正。**

養子を禁止する原則は変更しない。

皇族は旧皇族の男系男子に限定して、養子をとることが可能となる。

原則の変更を伴わないため、有識者会議を開く必要はない。

②**養子の実施に当たっては政府が関与し民意を反映させることができる。**

皇室会議の議を経ることを要件とする。

皇室会議の議長は総理が務める。
議員には三権の長らと皇族二名が加わる。
したがって、やみくもに養子が増えることはない。
また、個人の資質も精査される。

③予算が〇円。

将来なくなるであろう宮家をなくさなくする法案であるため、予算は〇円。

④男系の血統だけでなく皇統譜のつながりも確保される。

第十五条第二項の規定により、養子に入る者と歴代天皇との間の、皇統譜上の連続性も確保される。

皇室典範第一条の規定からして、必要な措置。

これにより①「皇統に属する」と②「男系の男子」がいずれも確保される。

⑤皇位継承順位に混乱は生じない。

第二条に「すべて実系により」と入れることにより、皇位継承順位は養子関係を無視し、実系（実父・実母）により確定する。

よって、養子縁組によって本来の皇位継承順位が入れ替わることはない。

⑥養子を実行するための手続き法は既に完備されている。

「皇族の身分を離れた者及び皇族となつた者の戸籍に関する法律」

今しかできない理由

①向こう二〇年、麻生総理以外でこれが可能な人物は自民党にいない
②自民党ですら政権の危機にある
③民主党では皇室典範改正は行えない
④解散を直前に控え、このような法案を通しやすい
⑤天皇陛下が皇統の問題でストレスを抱え、病気になってしまわれた
⑥今年は御即位二〇年の佳節であり、皇統の問題を解決するにふさわしい
⑦天皇陛下がお元気な内に解決しなくてはいけない問題

課題

①民主党への根回し
②保守系言論人への根回し
③内閣法制局・宮内庁からの妨害の防止

戦略

極秘裏に総理官邸が主導して法案を完成させる。
その間、民主党と主要な保守系言論人に根回しをしておく。
可及的速やかに内閣委員会委員長提案で内閣委員会に法案を提出、審議なしで通過。
今国会で衆議院本会議を通過。
参議院通過 → 法案成立
もし参議院で否決されたら → 衆議院解散
皇室典範の改正を問う「皇室解散」

皇室典範改正法案に関する解説と分析

旧皇族から養子をとる件（第九条）

○旧皇族の男系の男子が、次のいずれかに該当することとなった場合には、皇室会議の議を経て、皇族に復帰することとする。

①現皇族（宮家）の養子となった場合

単純な養子・夫婦養子・婿養子（婚姻と養子縁組を同時に行う）の三形態を想定。

②現皇族の内親王又は女王と婚姻した場合
　養子縁組は行わないため、新宮家が創設されることになる。
○復帰して皇族になった者、又はその男系の男子は、王となり、皇位継承権を有する。
　皇位継承は「実系」を以って確定することとし、養子関係によって皇位継承順位に変動が生じることはない。
○復帰して皇族になった者と、その上位において最近親の皇族との間の者に、没後、親王を追号することで、皇統譜上の連続性を確保する。

（別案）
一　復帰して皇族になった者には皇位継承権を与えず、その男子に与える。
二　養子は独身者に限り、既婚者の養子を認めない。

（論点）
○何人復帰するのが適当か。
　皇室会議の議を経るため、やみくもに増えることはない。ただし、江戸期の例を参考にし、宮家は四家確保しておくことが妥当と思われる。
○養子の場合、どの宮家が養子をとるのか。
皇統に近い家（秋篠宮・常陸宮）ほど後回し。昭和天皇直宮の三笠宮（寛仁親王家）を筆頭とし。桂宮・高円宮が養子を取り、次いで常陸宮。合計四宮。先ず一つ宮家を確保し、二例目、三例目は後回ししてよい。秋篠若宮殿下御即位までに四宮を確保すれば足りる。

もしくは、後述の途絶えた宮家を復興させることを考えると、三笠宮（寛仁親王家）が三名養子をとり、内二名が秩父宮・高松宮を継承。
○婚姻の場合、婚姻の自由は確保されるか。
結婚の自由は完全に確保されるべき。旧皇族が婚姻を伴わずに養子になる方法が残されるため、無理に婚姻する必要はない。
○既婚者の復帰を認めるか、独身者のみか。
独身者は数が限られるため、既婚者にも可能性を広げるべきではある。その場合、配偶者は第五条の規定により当然に皇族となり、その子供は第六条の規定によりやはり当然に皇族となる。
○途絶えた宮家（秩父宮・高松宮）を復興することはできるか

民法上既に亡くなった者が養子をとることはできないため、旧皇族が途絶えた宮家に直接養子入りすることは不可。

ただし、既存の宮家に一旦養子入りし、その上で途絶えた宮家の祭祀を継ぐという方法は残される。


（予想される批判）
○男系男子はいずれ行き詰まる。
↓行き詰まらないようにするための措置であり、実際に将来行き詰まるかどうかは無関係。必要な法整備を進めるのみ。
○国民の理解、支持を得られるか。
（離脱後六〇年経過。元皇室とは六〇〇年前に分かれた系統）

↓皇室典範の原則を変更しない小幅な修正案であるため、そもそも国民の理解・支持を得る必要はない（女系天皇や女性宮家を認めるなど、原則を大幅に変更する場合は国民の理解と支持が必要である）。

養子入りした旧皇族本人が即位することは、可能性として先ずない。仮にその系統が即位するとしても、さらに三世代ほど後になる。

○旧皇族、宮家、内親王又は女王の意思に左右され、不安定。
↓一切の養子を禁止する現状よりは比較的安定的である。
○養子になる者や皇位継承者の選択など、皇室会議が、事実上、皇位継承者を決定することになる。
↓これを防ぐために、第二条に「全て実系により、」の一文を入れる。実系により皇位継承順位を確定することで、皇族や皇室会議が恣意的に順位を変更することができなくなる。
○内親王、女王に、事実上婚姻を強制するおそれ。
↓旧皇族が婚姻を伴わずに養子になる方法（単純養子・夫婦養子）が残されるため、婚姻を強制する必要はない。

ケース別分析

旧皇族男系男子が皇族の養子となる場合

（養子縁組）

・第九条ただし書きの規定により、皇室会議の議を経て、旧皇族男系男子が皇族の養子となる。

（皇族の要件）

・第十五条ただし書きの規定により、養子者は皇族となる。第十五条の「皇族以外の者が皇族となることがない」旨の規定は、ただし書きの例外に該当するため、適用されない。

また夫婦養子の場合、養子者の配偶者は「王妃」に該当するため、第五条の規定により皇族となる。また、第十五条の規定により、皇族となることが類推される。

（皇族になる手続き）

・皇族になるための手続きは「皇族の身分を離れた者及び皇族となつた者の戸籍に関する法律」第四条の規定による。（養子者の配偶者も同じ）

（養子者とその配偶者の地位）

・第六条第二項の規定により、養子者は「王」となる。夫婦養子の場合、養子者の配偶者は第五条の規定により「王妃」となる。

（皇統譜上の連続を確保すること）

・第十五条第二項の規定により、養子者の、その以上の男系において最近親の皇族との間の男子に、没後、親王を追号する。（具体的には既に故人となった父・祖父・高

祖父の内、逝去時に皇族でなかった者に親王を追号し、生存する父・祖父・高祖父が逝去した際に親王を追号する）

（養子者の子孫の地位）

・第六条第三項の規定により、養子者の嫡男系嫡出の子孫は男が「王」、女が「女王」となる。第五条の規定により、「王」「女王」は皇族である。

（皇位継承の順位）

・第二条の規定により、実系により、皇位継承順位が確定する。

旧皇族男系男子が内親王もしくは女王と結婚した場合

（皇族の身分を離れない選択）

・第十二条の規定により、内親王及び女王は婚姻と共に皇籍を離脱するが、同ただし書きの規定により、皇室会議の議を経た場合は、皇族の身分を離れないとすることができる。

（皇族の要件）

・旧皇族男系男子と婚姻し、皇室会議の議を経た内親王及び女王は、第十二条ただし書きの規定により、皇族の身分を離れない。

・内親王及び女王が婚姻後皇族の身分を離れない場合、第六条第二項の規定により、その婚姻相手である旧皇族男系男子は、皇室会議の議を経て「王」となる。第十五条の「皇族以外の者が皇族となることがない」旨の規定は、ただし書きの例外に該当するため、適用されない。

（皇族としての地位）

・内親王及び女王は皇族の身分を離れないため、内親王及び女王の地位は変更されない。

・また、内親王及び女王が婚姻後皇族の身分を離れない場合、その婚姻相手である旧皇族男子は先述の通り「王」になるため、第五条の規定により皇族になる。

（皇族になる手続き）

・皇族になるための手続きは「皇族の身分を離れた者及び皇族となつた者の戸籍に関する法律」第四条の規定による。

（皇統譜上の連続を確保すること）

・第十五条第二項の規定により、内親王及び女王と婚姻して皇族となった旧皇族男子の男系の男子の、その以上の男系において最近親の皇族との間の男子に、没後、親王を追号する。（具体的には既に故人となった父・祖父・高祖父の内、逝去時に皇族で

なかった者に親王を追号し、生存する父・祖父・高祖父が逝去した際に親王を追号する）

（子孫の地位）

・第六条第三項の規定により、嫡男系嫡出の子孫は男が「王」、女が「女王」となる。

第五条の規定により、「王」「女王」は皇族である。

（皇位継承の順位）

・第二条の規定により、実系により、皇位継承順位が確定する。

門田　これは凄いですね。ここまで考えて具体的な形になり、提案が行われたのですね。日本の危機・皇室の危機に対してこれほどの闘いを展開している竹田さんや、それを応援する麻生さんのような人がいることを多くの日本人に知ってほしいですね。具体的な文言まで明らかになったのですから、どれだけの議員が日本のために与野党を超えて前面に出てくれるのか、注目したいです。

第四章 女系天皇で皇統断絶をもくろむ勢力

問題提起 天皇制打倒に燃える共産党の執念　門田隆将

共産党は敗北したのか？

もともと皇室解体をもくろむ勢力が日本にはありますよね。代表的なのは共産党です。彼らは、長く「天皇制打倒」を主張してきました。

しかし、共産党は最近になって姿勢を転換しました。二〇一六年一月四日に天皇陛下をお迎えして開かれた通常国会の開会式に、共産党の志位和夫委員長ら同党幹部六人が出席したのです。共産党は「天皇制反対」だから、これまではずっと欠席していましたが、なんと約六九年ぶりに突然、参加したんですね。

志位委員長らは開会式が開かれた参院本会議場の後方の座席に着席して、天皇陛下が議場に入られると起立し、開会のお言葉を述べられている間は頭を下げて聞いていました。

記者会見した志位委員長は、出席した理由について、「開会式での天皇の発言に変化が見られ、この三十数年来は、儀礼的・形式的なものとなっている。天皇の発言の内容には、憲法からの逸脱は見られなくなり、儀礼的・形式的な発言が慣例として定着したと判断した」と述べました。

すなわち「私たちの考えはずっと一貫しているんだ」と。現行憲法の国民主権を守るということであれば、天皇の制度については、「国政に関する機能を有しない」という制限規定を厳格に守るという、この一点でこれまでも対応してきたし、これからも対応するので、「抜本的改革を求めることは変わらない」という意味不明の説明をしたわけです。

共産党の「一九三二年テーゼ」では、「天皇制は国内の政治的反動と封建制の残滓《ざんし》の主要支柱である。その粉砕は日本における主要なる革命的任務中の第一のものとみなされる」というふうに書いています。「封建制の残滓の主要支柱」であり、これを「粉砕」するのが党是ですよ。

次に「一九六一年テーゼ」。これは第二次世界大戦の敗戦から一六年経って書かれたものです。読んでみますと、さすがに「粉砕」の言葉が消えています。しかし、その代わりにどうなっているかと言うと、「天皇はアメリカ帝国主義と日本独占資本主義の政治的、思想的支配と、軍国主義復活の道具となっている」と言っています。天皇制は軍国主義復活の鍵であり、だから当然、廃止されるべきである、と。粉砕よりは、ややマシですが、実質的には変わってはいません。

しかし、日本で共産党による「天皇否定」にはほとんど誰も耳を傾けない。いや、それどころか、天皇を否定することを続けている限り、永遠に「国民の支持は得られない」ということが、ようやく共産党にも分かってきたのです。そのことでオールド・コミュニストにはとても耐えられないような「譲歩」が起こったのです。

二〇〇四年一月、第二三回党大会で不破哲三議長が突然、こう語りました。

「わが党は当面部分的にもせよ、憲法の改訂を提起する方針を持ちません。天皇制廃止の問題が将来、どのような時期に提起されるかということも含めて、その解決については将来、情勢が熟した時の問題だということを規定するにとどめているのであります」

つまり、天皇制廃止は情勢が熟した時にはやるんだけれども、今はあんまり言わないようにします、ということです。皇室廃止という方針は変わらないが、表立っては言わないようになったわけです。完全なる敗北ですよね。

しかし、共産党はしたたかでした。翌月に参議院選挙を控えた二〇一九年六月四日、仰天するようなことが起こりました。『しんぶん赤旗』で志位委員長が、女系天皇を認める、と打ち出したのです。天皇制廃止の人たちが突然、「女系天皇を認める」ということを言い出したんですから、これは驚きをもって受け止められました。選挙前に発表し、女系天皇を主張するようになったわけです。すぐに立憲民主党が追認して、共産・立憲ともに、「女系天皇支持」となりました。

これはもうピンときますよね。明らかに立憲民主党の枝野幸男代表と共産党の志位委員長が事前にすり合わせたうえで「女系天皇容認で行きましょう」と、たくらんだわけです。理由は明らかです。今まで天皇制廃止を言って、三二年テーゼでは粉砕という言葉まで使っていた共産党がなぜ突然、女系天皇を認めると言ったのか。それは「天皇制を潰すためには、女系天皇を実現させ、内部から崩壊させる」という意図があるからにほかなりません。

女系天皇の支柱「奥平理論」

皇室をなくすためには二つの方法があります。

一つは三二年テーゼにあるように、文字通り「粉砕」し、要するに天皇制を力で打倒するというやり方。もう一つは、内部から、じわじわと自然に消していく方法です。その有力な手段として「女系天皇」があるということです。つまり、女系天皇というのは、皇室廃止に持って行くための〝一里塚〟です。一つの手段として女系天皇を容認することが、ここで明らかになってくるわけです。

では、なぜ女系天皇になると皇室がなくなるのか。先にも言いましたように、例えば愛子様がイギリスの人と結婚したらその子供は英国系、中国の人と結婚したらその子供は中国系、韓国の人と結婚したらその子供は韓国系となります。あるいは田中さんという人と結婚した場合は、田中系になります。

このようにして連綿と続いてきた皇統とは全く無関係な天皇となっていくわけです。それが二代、三代、四代……と経っていくと、どうなりますか。「ところで、この皇室とは何なの?」という声が必ず出てきます。そして「皇室なんて要らないんじゃないの」という議論に必ず発展していきます。

私は、女系天皇論のもとになる「奥平理論」について注目してきました。左傾化した戦後学術界の代表的人物・東大憲法学の宮澤俊義《みやざわとしよし》教授の弟子である共産党の理論的支柱・奥平康弘氏のものです。雑誌『世界』の二〇〇四年八月号に「『天皇の世継ぎ』問題がはらむもの――『萬世一系』と女帝論をめぐって」という奥平氏の注目すべき論文が掲載されています。

そこにはこう書かれています。

「何ぞ知らん、性差別反対という、それ自体もっともな大義名分に促された一般公衆が、ポピュラーな政治家たちに誘導されて典範第一条を改正して『女帝』容認策をかちとることに成功したと、仮定しよう。よって以って『世継ぎ』問題はめでたく解消し、天皇制は生き延びることができることになる。しかしこの策は、天皇制のそもそもの正当性根拠であるところの『萬世一系』イデオロギーを内において侵蝕《しんしょく》する因子を含んでいる。男系・男子により皇胤《こういん》が乱れなく連綿と続いて来たそのことに、蔽《おお》うべからざる亀裂が入ることになる。〈いや私たちは、『女帝』を導入して天皇制を救い天皇制という伝統を守るのです〉と弁明するだろう。だが、そんな、『萬世一系』から外れた制度を容認する施策は、いかなる『伝統的』根拠も持ち得ないのである」

この共産党の理論的支柱は、女系天皇になれば、天皇制の「正当性根拠」の「萬世一系のイデオロギー」が侵蝕される、つまり「蔽うべからざる亀裂が入る」ことを説いています。要するに女系天皇になれば、内部から天皇制は崩れていきますよ、ということを書いたわけです。

共産党的な言葉で言えば、三二年テーゼでは天皇制を「粉砕」、六一年テーゼでは「軍国主義復活の道具」と言ってきたわけですが、「これはもう無理」となって、「女系天皇」を実現させて皇室を内部から侵蝕・崩壊させて天皇制打倒を果たそうとしたと思われます。これが共産党の真意というわけです。

共産党がとったSNS戦略の威力

その中で共産党は二〇一三年から新たな戦術に乗り出しました。その後の世論工作に大きな影響を及ぼす戦略が開始されたのです。

この年の五月、日本共産党中央委員会が当時の三二万人党員に一本の指示を出しました。「党員それぞれがツイッターとフェイスブックを始めよ」というSNS開始命令です。

年々大きくなっていくインターネットの影響力に注目した共産党中央委員会が、一人ひとりの党員がSNSの発信力を駆使し、それぞれの投稿によって、少しでも世論構築と集票を行っていけ、という方針でした。

共産党員の熱心さについては、説明の必要はないと思います。どんな広大な選挙区であろうと、あっという間に候補者のポスターを貼ることができる組織力は、日本の政党の中でもナンバー・ワンです。

その党員たちがツイッターとフェイスブックを通じて運動を展開し始めたわけです。効果はすぐに出ました。二カ月後の二〇一三年七月二一日、第二三回参議院選挙が行われましたが、ここで改選の三議席が「八議席」へと躍進したのです。二・六倍ですよ。

共産党は非改選も三議席しかなかったのですが、いきなり八議席に躍進したために計一一議席となり、参院での議案提出権を確保できたのです。

三週間後の八月一〇日、志位和夫委員長は、日本共産党創立九一周年記念講演会で、この戦略の成功にこう言及しています。

「強く大きな党づくりで力を発揮したのがインターネット選挙です。日本共産党はこの分野で大健闘いたしました。ツイッターでは〝発信力〟も、〝拡散力〟も、日本共産党が第一党になったのです」

会場は万雷の拍手に包まれました。久々の勝利に共産党員が酔いしれたのです。その後の「SNSを通じて世論操作を行っていく」という共産党戦略は、このとき確立しました。

天皇制打倒を長く党是として掲げてきた共産党が「なぜ女系天皇を支持するのか」と疑問に思う人がいますが、先に述べたように奥平理論からいえば、「当然」ということになりますよね。

女系天皇への世論形成はこの戦略、つまりSNSによって長期にわたって、そして強力に推進されてきました。何度もトレンド入りし、女系天皇に違和感がなくなるように継続的に投稿されています。それが誰によって行われているのか、もう説明の必要もありませんよね。

二〇二一年、森喜朗、丸川珠代、池江璃花子、髙橋洋一の各氏が次々とツイッターの〝生贄《いけにえ》〟にされていきました。その中で東大の研究者が池江氏への心ない罵声投稿を分析したら、過去投稿から八〇％近くが〝リベラル系〟だったことが判明したそうです。

五月一五日付の産経抄は、ＳＮＳで異常なまでに盛り上がる五輪中止運動に〈粉飾した正義で特定個人を血祭りに上げ、五輪を政治目的に利用しようとする姿は醜悪である〉と糾弾しました。しかし、女系天皇推進論は、日本にとって五輪問題とは比べものにならないほどの大変な問題ですよね。

共産党の党勢は減少の一途なのに、ＳＮＳ戦略によって、影響力は逆に増大しています。私は、『新・階級闘争論―暴走するメディア・ＳＮＳ―』（ＷＡＣ）を刊行し、この内幕を告発しました。おかげさまで大きな反響をいただいていますが、これは、このままでは「日本が滅びてしまう」という危機感に突き動かされて出したものでした。

印象操作で徒党を組むマスコミ

さらに、ここに加わるのが、マスコミです。令和となり、天皇陛下が即位された二〇一九年は、マスコミによる印象操作が目立ちました。例えばTBSは二〇一九年一一月九日、一〇日に「今の法律で皇位を継承できるのは、男性の皇族のみですが、あなたは女性の皇族が天皇になることに賛成ですか反対ですか」という聞き方でアンケートを取った。出てきた数字が、「賛成」七七％、「反対」一四％、「分からない」が九％でした。

さらに「では、女性天皇の子供が天皇になること、すなわち女系天皇に賛成ですか反対ですか」と尋ねて、「賛成」が七四％、「反対」が一五％、「分からない」が一一％となりました。多くの人が女性天皇と女系天皇の違いを知っているわけではないことを前提に、女系天皇誕生に「賛成」を誘導するような聞き方をして、印象操作に努めたのです。

ＴＢＳは、ほかにも『サンデーモーニング』その他の番組で、「立ち消えになっている女性宮家の創設を含めて、女系天皇の議論がそのままになっているのはおかしい」との主張を展開しました。

一方、テレビ朝日でも『報道ステーション』などで、ジャーナリストの後藤謙次氏が「男女に関わりなく、最初に生まれた方が皇位を継承するということは、有識者会議で小泉純一郎内閣の時に決まっているのに、これがそのまま放置されている」との論を展開しました。

二〇一九年九月二八日から二日間で行ったＮＨＫの調査では、「女性天皇に賛成する」という意見が七四％、「女系天皇に賛成する」という意見が七一％でした。次が重要なのですが、「女系天皇の意味について知っているか」という質問について、「よく知っている」と答えた人はたったの六％、ある程度知っていると答えた人が三五％なのです。最近は少し増えたかもしれませんが、女系天皇のことについて、一般の人でよく分かっている人はほとんどいませんね。

しかし、ここで次のような説明をしたら、どうなるでしょうか。質問の際に、「あなたは歴史上一人もいない女系天皇を認めますか、それは皇統唯一のルールを変えることになります。しかも、事実上の〝悠仁親王殿下廃嫡〟を意味します。もし、愛子様が中国人や韓国人とご結婚されたら、日本の天皇が中国系、あるいは韓国系になります。それが女系天皇です」

そう説明して、問題を理解してもらった後に調査したら、どんな数字が出るでしょうか。結果は、おそらく劇的な変化を見せると思いますよ。実際に、私は多くの方とこの問題を話していますが、きちんと説明すれば、ほとんどの方が私の意見に同意してくれます。日本の根幹に関わる話を多くの国民が知らないのも大問題ですが、これも戦後教育の問題点と思えば、さもありなん、と思いますね。

女性天皇と女系天皇を区別できる人は少ない

竹田　女性天皇は過去に推古天皇はじめ結構いらっしゃいます。「かつて女性も天皇になれたから問題ない」というのが一般的な考えで、女性天皇と「女系天皇」の区別ができている人はほとんどいないのだと思います。アンケートを実施する側もあえて意図的に、それを混同させて聞いているようなものですから、その数字には何の意味もないと思います。

私がマスコミの世論調査で疑問に思うのは、「女系天皇」を「ある程度知っている」ということは、一体どういう意味なのかということです。「ある程度」とはつまり「ほとんど知らない」という話です。だから「よく知っている」と答えた六％を除けば、九四％の人は「知らない」わけですよ。

かつて小泉純一郎総理が、「女系天皇」を可能にする皇室典範の改正の法案を提出する最終責任者であるにもかかわらず、議論の終盤戦になって、記者のぶら下がり質問に対してこう言いました。「女性天皇、女系天皇に反対している人はあれかね、愛子さまが結婚してその子供の男の子が即位しても、それでも駄目だという話かね」と。「それが駄目だ」と言っているのですよ（笑）。法案提出責任者である小泉総理自身、女性天皇と「女系天皇」の違いが分かっていなかったのです。それも議論の終盤まで。

テレビでよく「賛成する人は何％」といいますが、そんなものはただの印象操作であって、実際に認識したうえで分かったうえで答えている人はほとんどいないのです。ですから、そもそもが「女性天皇・女系天皇に賛成か反対か」などという世論調査自体は、何の意味もないものだと思います。

門田　伝統には、変わっていい伝統と変えてはならない伝統があります。皇族に関しても明治以降になって変わった部分もあるわけです。例えば昭和天皇が側室制度を廃止して、上皇陛下が皇太子時代に乳母《めのと》制度、傅育官《ふいくかん》制度も廃止しました。だから伝統と言っても、変わってきているものは変わってきています。しかし、皇統の男系は変えてはならないということを、いかに国民に分かってもらえるかが大切な作業なのです。

今の日本は、共産党などの反日日本人にプラスして、ジェンダー、人権、男女同権などを訴える人たちが一緒になって、「ふわっとした民意」がとてつもなく大きな勢力になっています。もちろん、人権や男女同権など、それ自体は守らなければならないことです。私は、反日野党などとは常に戦っているわけですが、実は戦う相手は「違うところにある」ということを最近、特に感じますね。つまり、そうした現代的価値、ジェンダーや男女同権などに凝り固まっている人たちが「マスコミに想像以上に多い」ということです。

竹田　ここが結構、戦い方の難しいところです。門田さんの仰るように、「女系天皇」の問題点についてきちんと時間を取って説明したら、大抵の人は分かるでしょう。ところが敵側は「男女同権なのに、女性が天皇になれないのはおかしい」と、たった三秒や五秒のワンフレーズで妙な説得力を持ってしまい、それで十分に相手を納得させてしまうわけです。

しかし、こちらが「女系天皇の問題は男女同権とは違って」などと説明しようとしても、三秒や五秒ではできないんですね。戦い方としてはすごく難しいのです。

門田　悠仁親王廃嫡論をめぐって、女系天皇推進論者の高森明勅さんとテレビ番組『そこまで言って委員会』で論争しましたが、あの時はびっくりしましたね。最初から喧嘩腰というか、なぜ高森さんがそこまで「女系天皇を実現したいのか」全く分かりませんでした。理論的に成り立っていませんでしたから、ひょっとしたら、これは感情的な理由なのかと感じました。

男系によって権威と権力を分離し、二〇〇〇年にわたって継承のために涙ぐましい努力を続けてきた先人たちの智慧を葬ろうとする勢力は、ついに悠仁親王殿下を廃嫡にしてまで女系天皇を実現しようというわけですから言葉もありません。

「平成の和気清麻呂」を狙う高森明勅氏

竹田　高森明勅氏の話が出たついでですが、その高森氏と八木秀次氏（現・麗澤大学教授）が悠仁親王殿下ご誕生のちょうどその時に、生放送で一緒にテレビに出ていたそうです。そこで「男子誕生」の速報が流れ、ちょうどCMに入ったらしいのですが、その時、高森氏が八木氏に「これであなたたちが有利になりましたね」と言ったそうです。

だから高森氏は、自分が有利か不利かというのを常に意識しながら皇統の問題を論じていたということが分かりました。つまり、皇室をいかに守るかではなく、自分がいかに有利な地位を得られるかの方が重要だということです。自分の導いた方向に物事が進んでいけば、それこそ「平成の和気清麻呂《わけのきよまろ》」になれたかもしれない、ということだと思うのです。

女帝・称徳天皇の寵愛を受けて、皇位を狙った道鏡は自ら「道鏡《どうきょう》を皇位に就けたら、国は安泰である」とするお告げが宇佐八幡大神よりおろされた、と嘘の奏上をしました。和気清麻呂によってその真相が明らかにされるわけですが、このような皇室を守護する精神はないのでしょうか。高森氏は自分の出世のことしか考えていないように見えます。

普通であれば、皇室に男子がお生まれになって「よかった」と思うのが日本人の気概であるはずです。ところが男の子が生まれて、悔しがっているんですよ。意味が分かりませんね（笑）。

高森氏のような人は残念ですが、最近は、本当に皇室のことを思い、私たちの主張を聞いて理解してくれる人が、かなり増えてきました。ありがたいことではありますが、まだまだ数が必要です。

私は皇位継承問題について話した際に「私の話を聞いて理解するだけで終わらないでください。分からない人にあなたが教えてあげる意識で聞いてください」とお願いしています。どのような説明をしたら相手に理解してもらいやすいか、そのコツを覚えて頂きたい、という思いで話しています。これからは語り部を増やしていくことが必要になってくると思います。

それから、テレビがあのような体たらくですから、活用できるメディアはしっかり活用していかないといけないと思います。門田さんもツイッターを相当、活用していらっしゃいますが、ツイッターとかユーチューブだとか、こうしたツールをしっかりと使って、認識を広げていくことが肝要と思います。

読売新聞でさえ女系容認

門田　マスコミがなぜ偏向した報道をするのか。それはマスコミにいる人間はある意味でエリートだからなんですよ。これからはマスコミがどうなるかは知りませんが、確かに入社するのが非常に難しい業界です。私たちの頃は、文系の学生であれば、ほとんどが一度はマスコミ志望になるくらいでした。少なくとも昭和の頃はそうだったんですよ。競争率がすごく高かった。だから、官僚とはまた違う意味でのエリートなわけです。

そういう人間たちは日教組教育で育った世代に入るわけですが、反日教育をずっと受けてきて、その世界観の中でいい成績を取って褒められて、いい大学に入ってマスコミに入った。すると彼らは、反権力というものに「酔ってしまう人間」になっているわけです。

要するに「俺たちは反権力だ、権力は悪だ、国家は悪なんだ」ということが、自然と頭の中で形成されてしまった人たちです。官僚が権力側に行くなら、マスコミは反権力に酔う人間、自己陶酔型の人間です。「反権力」という言葉に敏感なので、例えば政府のような権力には食ってかかって自己陶酔するわけです。

日本では、中国などの全体主義国家とは違い、政府に対してどんなことを言っても反撃されません。いくら叩いても大丈夫なんです。つまり時の政権というのは叩くのに「安全」で、さらに、この行為によって自分の虚栄心、陶酔感、満足感すべてを得られる、いい「対象」なんです。だから、どんどんやるわけです。

ところが本当の圧力団体などから反撃を食らうと、そのものすごい圧力にシュンとしてしまうんですよ。反権力と言っても、それは言葉だけで、もとはエリートですから気が小さいわけです。いつの間にか政府を叩くことだけを自分たちの使命として、本当の巨悪には目をつむり、全く立ち向かわないわけです。

私はさまざまな巨悪、圧力団体と戦って、今も大変な目に遭《あ》っていますが、相手は本当にすごいことをやってきます。自宅にまで嫌がらせの被害が出て、大変なこともありました。しかし、そういったいわゆる本当の巨悪に対しては、彼らは尻尾を巻いてしまうのです。例えば、相手が中国だと分かると、途端に腰が引けてしまいます。

彼らが尻尾を巻くのはなぜかと言うと、自分が血を浴びるのが怖いからです。テレビ局も浴びるし、自分自身も浴びる。血を浴びることを覚悟して、闘うのが本当のジャーナリズムですが、そうしたジャーナリズムは日本にはほとんどないわけです。私がかつて所属していた『週刊新潮』などは血を浴びてでもやる、恐ろしいメディアでした。しかし、そうしたメディアはごく少数です。給料の高いマスコミに入って安定路線に乗って、反権力という言葉に酔う。これがマスコミの実態です。

竹田　それをどのように突き崩すかを考えないといけませんね。地上波や新聞の論調を変えさせる必要があります。

男系か女系かは、会社が方針を決めているようです。例えば読売新聞は、「女系天皇」容認というのが社論の方針として決まっています。主筆の渡邉恒雄氏を誰かが説得したということなのか、どのような経緯で方針が決まったのかよく分からないのですが、もう完全に女系容認です。

男系を支持しているのは産経新聞ぐらいではないでしょうか。女系推進と決めているのが朝日新聞と毎日新聞です。日経新聞も皇室に関しては左寄りが強い様子ですから、産経新聞の一人相撲のようになっています。

テレビも新聞と結局は系列が一緒です。一応、地上波の場合は中立という前提があるので両論は表向き扱うのですが、私が出演すると毎回、かなりアウェイな感じになっています。各テレビ局も女系の方の流れと意識しています。そのうえで一応、私のような「珍獣」の意見も聞いておくか、というような扱いになっているんですよ。

自分以外、全部敵というのはもう慣れていますが、テレビなどは結論を決めてかかっている感じがあります。おそらく、メディアとしては波風がたてば儲かるので「女系だ、いや男系だ」と論争になるほうがよいのでしょう。

「男女同権」というやっかいな風潮

門田　「ふわっとした民意」を主導しているマスコミを変えるのは、なかなか大変ですね。ところで、実際に画面に出て話しているテレビの解説委員とか新聞の論説委員のような人たちと、竹田さんは実際に議論をしたことはありますか？　もしあるとすれば、議論に参加している人たちは、竹田さんの意見のどこがおかしいと言っているのですか？

竹田　小泉内閣の時代に、読売新聞社であなたの意見を話してほしいと言われ、社長以下、解説委員がずらりと並ぶ中で、お話しさせて頂き、質疑応答をしたことがあります。

だいぶ前のことなので、あの時はまだ読売新聞がここまで旗幟を鮮明にはしていなかったと思います。

やり取りの内容はつまびらかには覚えてはおりませんが、小一時間話して、その後、質問に答えました。質問自体はだいたい、テレビとかで話題になっていたような程度のことでした。そういうことを突っ込んで聞いてくるか、というようなびっくりしたような記憶はありません。

彼らは、「女系天皇によって皇統が途絶する」というようにはとらえていませんでしたね。当時はまだ、紀子殿下もご懐妊前でしたから、内親王の方々が天皇になって頂かなければならないという切迫した時でした。今は悠仁親王殿下がいらっしゃいますので、状況は当時とは変わっていますが、こういう状況下ですら、女性・「女系」天皇を実現させようということは、積極的に皇統を途切れさせようというのに等しい話です。

読売新聞にしても勉強不足で女系容認論になっているのではなくて、社として確信的にそのような方針を決めたのだろうと思うのです。朝日新聞や毎日新聞などの左派メディアならいざ知らず、保守系の読売新聞がそっちに舵を切ってしまったのはなぜなのか不思議です。

門田　確かに読売の紙面で、女系天皇を推しているように思えるような記事は時折、見かけますが、私はそういう明確なイメージは持っていませんでした。一方で、毎日新聞などは「前近代までは確固とした皇位継承原則がなかった」などという、明確な学説として確定していないことを主張する研究者の言葉を引用したうえで、記事を書いたりしています。一般の人は、竹田さんの話を聞けば、「そうなのか、それだと女系天皇はまずいな」と分かってくれると思いますが、マスコミだけは分かろうとしない。

竹田　やはりマスコミは男女同権を含むポリティカル・コレクトネス（政治的公正性）という考えの中で、女性が天皇になれるように男系継承を断ち切ることが、日本にとっても皇室にとってもよいことなのだ、と考えているからだと思うのです。

積極的に「これで皇室を潰せるな」などと考えているのは共産党をはじめ野党の一部に限られるとは思いますが、それが「男女同権こそが正しい」という「ふわっとした民意」がある中で、「男系支持に凝り固まっている人間は、封建的だとか前近代的だ」とイメージして、男系継承を頭から否定するような雰囲気になっています。だから先ほどのマスコミの質問も、意図的に「女系天皇」に誘導する質問がまかり通っているのです。

男系・女系には絶対言及しない天皇陛下

門田　今年（二〇二一年）二月一九日の天皇陛下お誕生日に際して行われた記者会見の質問がすごかったですよ。次の天皇陛下は愛子さまだと誘導するような質問でした。

「現在、皇位継承は男性に限られていますが、長い歴史の中では女性が天皇になった事例もありました。一方、ヨーロッパの王室では近年、性別に関係なく長子を優先して継承する動きが広がっています。皇室の歴史や伝統と、世界的に進むジェンダー平等や女性の活躍推進の動きについて、陛下はどのようにお考えでしょうか」

これは、答え方が難しいですよ。正面からお答えになれば、大変な問題になっていた可能性があります。陛下は「ご質問において言及されたようなヨーロッパの王室などにおける状況はよく承知しています。しかし、昨年も申し上げた通り、制度に関わる事項について、私から言及することは控えたいと思います」と答えられました。素晴らしいですよね。

しかし、記者に対しては、よくこんなことを聞けるなあ、と思いました。本当に罠に落とすような失礼な質問で、何事かと思います。この手の罠は毎年あります。記者会見にはこういう罠が毎年、仕掛けられている。少しでも天皇陛下が「愛子さまを望んでいる」と取れなくもない報道をされたら、大変なことになってしまいます。よく政治家や閣僚を引っかける質問をマスコミは繰り出しますが、同じことを天皇陛下にすることは許されないと思いますね。

竹田　制度に関わることは、天皇として言及する立場にない、というのは当然なわけで、まさに「罠」というのが正しいと思いますね。一言でも天皇陛下がご自分のお考えを仰せになったら、大きく報道し「政治的発言」だと叩くのは目に見えています。

かつて昭和天皇は応援している力士を聞かれて、それすらも「言えない」と仰ったくらいですから。「どのテレビ番組をご覧になられていますか」という質問にも「放送各社の競争がはなはだ激しいので、どの番組を見ているか言えません」とお答えになりました。

また、現在の上皇陛下は在位中から、本当に心を許したお身内にすら、政治発言はなさいませんでした。「人の口に戸は立てられぬ」とはよく言ったものです。

これはトヨタ自動車の会長を務めた張富士夫さんの仲のいい人から聞いた話です。張さんは平成一六年に小泉内閣の諮問機関として設置された皇室典範に関する有識者会議のメンバーでした。ところが政府が全部、段取りして「女系容認」のほうに結論を出そうとするため、参内か何かのついでに張さんご自身が当時の天皇陛下に聞いたそうです。「自分は有識者会議のメンバーに入っております。絶対に陛下から聞いたと他言いたしませんので、陛下の本当のところを教えてください」と。そして「もし、陛下が女系だと仰るなら、会議の議論の成り行きを黙って聞いておりますが、もし男系であると仰るのであれば、私も何か言わなければいけないと思っております」と言ったそうです。張さんは天皇陛下とも大変、懇意な仲だったようです。

ところが天皇陛下は、何もお答えにならなかったそうです。そんなに近い人で、信用できる人物に対してですら、仰らないのです。

これは現在の天皇陛下も同じです。記者会見では、政治問題については言及する立場にないと仰せでした。それを分かっていて質問するわけですから、本当に質《たち》が悪いです。

女系の何が問題かを簡単に説明する方法

門田　なぜ女系天皇がこれだけマスコミに推され、特定野党によってこれだけ主張されているのか、その目的ははっきりしています。先ほどの奥平理論でも、あれほど「粉砕」を言っていた共産党ですら、女系天皇を作れば「変わる」と。要するに皇室を「消すことができる」と分かっているわけです。女系容認が打ち出された背景を、国民は知るべきだと思いますよ。

マスコミは女系容認に、今も向かっています。要するに、いわゆる反日日本人たちは、「日本であること」をなくさないといけないと思っているのです。天皇陛下が民の幸せを祈り、それを尊重して天皇を守り続けた日本人。そんな伝統と秩序を重んじる日本人が大嫌いな人たちがいる。自分の国を愛することができない可哀想な人たちです。

国民と共に歩み、国民に守られてきた世界で唯一無二の日本の皇室を壊さないと、「日本を叩きのめすことができない」と思っている人が現に存在している。だから、天皇という存在を〝正統性〟から外して、疑義の生じるものにしたいのです。

そこから崩壊が始まると考え、それを策している。それが女系天皇なんです。このことを説明すると、ほとんどの人は理解してくれますが、説明に時間がかかる。もどかしいですね。

竹田　最近分かりやすく、簡単に説明する方法が一つできました。「眞子様と小室さんの間に生まれた息子が、天皇になったらどう思う」と聞くのです。さすがにほとんどの人が、「それはまずいでしょう」と答えます（笑）。それが「女系天皇」

と女性宮家の恐ろしいところです。

　私がこれまで言い続けてきたのは、女性宮家なるものを創設したら、民間の男子が皇族になるのであって、それは皇室の終わりの始まりだということです。民間の男性が皇族になるのは絶対に不可だと言ったら、高森明勅氏が「あなたは失礼だ。女性皇族がそんな変な男を連れてくるはずがない」と言ったのです。でも小室さんを見れば、これはやばいなと分かると思うんです。その息子が天皇になってよいかと尋ねたら、それには拒絶反応が出ます。皇位継承の話の時の格好の事例になったなと思いますね。

第五章　もっと恐ろしい敵がいる

問題提起　戦後日本の病理

竹田恒泰

女性・女系天皇の仕掛人・古川貞二郎氏

先ほどの門田さんのお話で、共産党左派系の野党がどういう思惑で女系天皇容認論を提案してきたか、よく分かりました。彼らは皇室を無きものにしようという動きの核として、今後も注意する必要がありますね。

一方で私は、彼らよりもっと恐ろしい勢力があるのではないかと思っています。それが、実は日本政府内にあるのです。具体的に説明します。そもそも小泉純一郎内閣の時に、この女性・「女系」天皇の話を総理大臣に持ち込んだのは、古川貞二郎《ふるかわていじろう》という官僚だったのです。事務方の官房副長官を務めた人物です。

古川氏は橋本龍太郎内閣（平成八年一月一一日〜同一〇年七月三〇日）時代、まだ皇統の危機など何も指摘されていない時から、女性・「女系」天皇について研究し、勉強会を開いて実現性を詰めて来ました。しかし、その後、皇室典範を改正できるほどの実力を持った内閣がなかったので鳴りを潜めていたのですが、小泉内閣が郵政民営化を成し遂げて、飛ぶ鳥を落とすような勢いになった時、機が熟したと思ったのでしょう。

当時、小泉氏の自民党総裁任期満了までの間、目玉になる政策がありませんでした。ここに目を付けたのが古川貞二郎氏です。「女性・女系天皇の議論をやりませんか」という話を多分、総理にしたのでしょう。小泉総理もこれができるのは自分の内閣しかないという自負があったと思います。そして、この問題を総裁任期満了までの政策の柱にしました。

古川氏はそれなりに手際が良いのでしょう。宮内庁から反対意見があると潰されてしまいますから、出身官庁である旧厚生省の二年後輩の羽毛田信吾《はけたしんご》氏を、事前に宮内庁長官に据えていました。

そして、小泉政権下で有識者会議が発足すると、古川貞二郎氏は自らそのメンバーに加わり、事実上の座長を務め、議論をリードしていきました。有識者会議は、野党から言われて立ち上がったのではなく、日本政府の中から持ち上がってきた話だったのです。

政府内には確実に、女性・「女系」天皇実現に向けて、引っ張って行こうとする人たちがいます。それを支えているのが、各省庁の事務次官を束ねる、事務方トップの事務担当官房副長官、そして内閣法制局です。

そもそも、官僚は選挙で選んでもいませんし、落選させて辞めさせることもできません。しかも、一般国民にとっては名前も顔もよく分からない存在です。事務次官なら調べることはできますが、その下にいる実力者たる官僚は、調べても名前も分かりません。いわば、国民主権が及ばない領域の人たちなのです。

一方で、内閣法制局は完全に「東大憲法学閥」です。「一九四五年八月、ポツダム宣言受諾によって日本に無血革命が起こった。そのため、大日本帝国憲法と日本国憲法の間に連続性はなく断絶していて、かつての歴史的な天皇は滅び、現在の皇室は戦後に新しく生まれた存在で、たまたま戦前と戦後で同じ『天皇』という呼称であるから誤解されるが、固より歴史的な天皇とは無関係で、全く別の制度である」という大変奇妙な説（宮澤俊義『八月革命説』）を信条としている憲法学者の集まりが東大法学部を主導しています。なお、この「八月革命説」については、第六章で詳しく説明したいと思います。

彼らは戦後の長きにわたり、東大法学部の学生にその信条を教え込んできました。その薫陶を受けた東大法学部出身者の多くは、キャリア官僚として霞が関で働くことになります。その中でも特に優秀な一握りのエリートが内閣法制局に入っていきます。

またこの「八月革命説」は、東大だけでなく、日本全国の大学の憲法学者に浸透しています。これに異論を唱えているのは少数派です。ちなみに、憲法学者でもある私は「八月革命説」に対して明確に反論を提示しました（『天皇は本当にただの象徴に堕ちたのか』ＰＨＰ新書）。

ただ残念なことに、私の問題提起への反応は微々たるものでした。そのため、日本のあらゆる大学の法学部では、いまだに「八月革命説」に基づいた誤った天皇の在り方を教えているのです。

そして、その教育を受けた偏差値の高い学生は、メディアにも多く流れていきます。我々にとっての手強い敵は、政府やメディアをはじめ、いろいろなところにはびこっていて、その顔も名前も分からないのです。選挙で交代させることもできない存在なのです。彼らは政治家よりも強い勢力といえるでしょう。

絶妙なタイミングで出された「女性宮家」案

普段、彼らは息を潜めています。そして、絶妙な時機に出てきます。古川貞二郎氏も長年女性・「女系」天皇の準備をしていたけれども、下手に騒がず、時機を窺っていました。そして小泉政権の末期に、ここぞとばかりに表舞台に登場してきたのです。ところが、紀子殿下がご懐妊になり、男のお子様がお生まれになったことで、歴史的にも法的にも正統なる皇位継承者を得たのですから、女性・「女系」天皇を語る正当性がなくなってしまった。

しかし、彼らは上手です。その時はピタッと動きを止めるのです。そして女性・「女系」天皇を口にする人はいなくなりました。ところが自らの戦略を捨てずに、水面下でじっと待っているのです。

その根拠として、羽毛田氏はしばらくその後も宮内庁長官の任にありましたが、野田佳彦内閣（平成二三年九月二日～同二四年一二月二六日）の時に、「女性宮家を検討すべき」と、総理大臣に進言しました。しかも、そのタイミングは絶妙でして、東日本大震災の後に天皇陛下（現上皇陛下）が倒れ、心臓のバイパス手術をお受けになった時（平成二四年二月）なのです。

天皇陛下は三〇日間ほど東大病院にご入院遊ばされましたが、その後の退院の時機をとらえて総理にこれを進言しました。その理由として「陛下はご高齢にもかかわらず、ご公務が多くて大変でいらっしゃる。しばらくすると女性皇族が次々とご結婚と共に皇籍を離脱なさる。女性宮家を可能にして皇族を確保することで、陛下のご負担を減らしていくべきだ」という趣旨のことを述べたのです。

ところが、ここには明らかな嘘がいくつかあります。まず、皇族の人数と陛下のご公務の量は比例関係にないんですよ。前にも述べましたが、陛下のご公務を一般皇族が代行することは基本的にありません。代行するのは国事行為臨時代行に関する法律に基づいて、例えばご病気の時とか、外国にいらっしゃる時に、皇位継承順位第一位の皇族が全部担うことがあるだけで、「来月は時間があるから、これとこれとをやっておくよ」というような話ではありません。

まして、当時は眞子内親王殿下もまだ大学生で、あまり多くのご公務をなさっていらっしゃらなかった。そういうことを宮内庁長官は知っているはずなのに、皇族が減っていくと陛下のご公務が増えていくという嘘をつくわけです。嘘をついて国民を騙してでも、女性宮家を作ろうとしていたということです。

その後、野田内閣が倒れて安倍内閣が発足しました。安倍政権では、政府の要職にある人が表立って女性・「女系」天皇実現に向けた動きを見せることはありませんでした。しかし「最後の火花」とは言いませんが、羽毛田長官が最後の機会と狙って動き始めたのです。彼らは女性・「女系」天皇とおおっぴらに言えなくなったので、次は女性宮家で勝負をかけてきたのです。

「女性宮家が正当」だとの主張をする最高の時機は、眞子内親王殿下、佳子内親王殿下が結婚適齢期に入ったことです。このお二人が結婚後に民間に降ってよいのですか、天皇陛下もご高齢者なのにこのままでよいのですか、女性宮家を立てて皇族の人数を確保すべきではありませんか、というわけです。

やはり彼らは言葉選びも上手です。女性宮家という言葉も秀逸ですよね。女性宮家は賛成か反対かと聞かれて反対したら「女の敵」と攻撃されるのですから。敵は絶妙な言葉を作り出し、巧妙に使っています。動く時機も的確なのです。第一に上皇陛下がご病気でご入院になった、第二に両内親王殿下が結婚適齢期に入った、ここが彼らにとって絶好の機会でした。そして女性宮家を打ち上げた。

皇室伝統を軽視する「藩屏」

ではどうして、彼らはそこまでして女性宮家を実現させたいのか。それは、「八月革命説」の影響で、皇室伝統を軽視しているからではないかと思えます。万世一系の皇統の価値を否定しているのです。「現在の皇室は昭和二〇年にできた、それまでの皇室とは全く関係のない、新たな王朝」であり、しかも「国民主権のもと、存在自体に全く重みがない象徴」と規定しているわけですから。皇室伝統を守ることよりも、男女同権、主権在民、いわゆるポリティカル・コレクトネスの価値観を貫くことが大切だと思っているのです。

彼らが皇統を断絶させる意図を持っているとは思いません。日本共産党は皇統断絶の意図を持っていると思いますが、それとは次元が異なる。だからこそ、質が悪いのです。

古川氏、羽毛田氏らは、自分たちを「皇室の藩屛」と思っているのかもしれません、その人たちが一生懸命、「女系天皇」を進めようとしている。ここに、歴史や伝統から切り離された「戦後日本の病理」を感じるわけです。古川氏の後も、次から次へとエリート官僚や政治家たちの間違った主張が出てきます。彼らはあたかも組織立って行動しているかのように見えます。

女性宮家、次には皇女制度を進めて、長期戦で「女系天皇」を実現させようとするのが彼らの戦法です。実現するかどうかは、次の代になると思うのですが、政府の中にもメディアの中にも学問の世界にもそうした勢力がはびこっています。ゆえに我々は敵が見えない中で戦っていかなければいけないのです。

一番怖いのは「正義感」からの伝統否定

門田　竹田さんの「より恐ろしい勢力がある」という指摘に、心ある日本人は慄然《りつぜん》とするでしょうね。そこまで日本の指導層は、やられているのか、と。厄介なのは、羽毛田さんなり、古川さんは、女系天皇を実現させて、将来は皇室を潰してしまおうとまでは思っていないことですよね。つまり、皇室の将来、安定的な皇位継承によかれ、と思っていることです。これが本当に困るんです。悪意はないですからね。

反日日本人のような、将来、皇室の消滅を狙う、つまり、皇統断絶派の人たちではないわけです。ただ彼らは「八月革命説」の影響を受けています。

「八月革命説」では、戦後の皇室はそれ以前の皇室とは別物なのだから、日本の皇室伝統を意識する必要はない。それにとらわれるよりも、今のテーマである男女同権に合う在り方が絶対に良いのだと思い込んでいる面がある。日本のトップエリートがそう考えて動いているから怖い、というわけですね。

彼らは女系天皇になっても、そのまま天皇家は将来、何代も続いていくわけだから、いいじゃないかと思っている、その理解の浅さが恐ろしいのです。

竹田　そうなんです。彼らは自由、人権、平等などといった誰も反対できない概念を持ち込んできます。彼らはそうした自分たちの「正義感」でやっているのです。共産党と立憲民主党と合わせてもわずかな支持率しかないわけですから、彼らが皇統の原理を変えるほどの力があるとは思えない。一番怖いのは、「正義感」を持ち、一方で歴史や伝統を否定しようとする人たち。別に皇統断絶の意識はないけれども、男女平等や国民主権を掲げて伝統を壊すことで、皇室を危うくしてしまうのです。

もし皇室に対する違和感のある人なら、断絶を念頭に置いて活動するでしょうし、そうでない人はただの「正義感」で進めるでしょう。そうしたいろいろな考えの人たちが自然と一緒になって同じ方向に行く。

これに対し「特定の血筋を守ろう」とか「伝統的地位を保とう」などと言うと、強い反発にあいます。もう小泉内閣から一五年も経っているというのに、たった一人の旧皇族の皇籍復帰すらできないのです。

そんな時代で、伝統を守ろうとするのは至難の業といえるでしょう。ただ伝統を守ろうとするだけで猛烈な反発を受けるのです。まして、少しでも元に戻そうとするのは、急流の川を遡ろうとするようなものです。踏みとどまることさえ、ものすごいパワーが必要になります。

しかし、女性宮家や女性天皇という主張には世論が後押しして、物事はすんなりと進んでしまいそうになる。自由、平等という方向だとそうなるのです。例えば、民法の改正に際しても、嫡出子《ちゃくしゅつし》と非嫡出子《ひちゃくしゅつし》の相続の持ち分を同じにすることなど、とんとん拍子で進んでいきました。いわゆるポリティカル・コレクトネスという価値観によって、法律もスムーズに改正されていくわけです。

皇室が侵蝕されることを安倍総理が止めていたわけですが、これから数十年経った時に、少しずつ少しずつ、「どうして天皇って男なの」というような話になってきて、どこかのタイミングで一気に破壊されてしまうのではないかなと危惧します。

例えば、令和の皇位継承に関する行事に際しても、効率化を重視し、細かい点でさまざまな伝統的なかたちが壊されてしまいました。

大嘗宮《だいじょう》の屋根は、伝統的には茅葺き屋根でしたが、譲位の際には板葺き屋根になってしまいました。これは財務省が、皇位継承に関する行事の費用をできるだけ抑え込むという方針を立て、それに宮内庁が盲目的に従った結果です。宮内庁の役人も財務省に言われると、「いくら削減します」という頭になってしまっています。

和田政宗議員（自民党）から聞いた話ですが、大嘗祭の予算をいくらにするかという審議を見ていると、はなから宮内庁職員は「これだけ削減する目標です」というような形で説明するそうです。「そもそも、なぜ削減しなければいけないんだ」と和田議員は尋ねたそうですが、戦後初めての御代替わりで相当簡略化され、今回も簡略化するものだというニュアンスの答えだったそうです。まして、今回、少しでも伝統に復するなど、夢のまた夢という状況だったといいます。

「簡略化するのが正しいのであって、維持することすら難しい。少しでも元に戻そうなど論外」という伝統軽視の価値観が宮内庁に浸透してしまっているのは、恐ろしいことです。これでは皇室を保つことも難しい。ひどい感覚です。ちなみに、皇室が民間から寄付を受けることは憲法違反になります。

このような状況が続くと、伝統は少しずつ侵蝕されて、踏みとどまることができなくなる。それを考えたら、今はなんとか男系を維持できていますが、半世紀後はどうなるのだろうと不安でなりません。

実は大きな権力を持つ官房副長官

門田　もともと有識者会議がスタートした時は、悠仁親王殿下が誕生する前でした。このため、これは致し方なしということで、国体維持のために官僚たちがそっちの方で動いていた。これは分かるんですよ。問題はそれ以降です。それ以後も女系天皇を容認しようとすることに、どのくらいの確たる理由があるのか。

やはり、すでに動き始めていた古川貞二郎さんが有識者会議の結論を女系天皇容認のほうに持っていくために、画策したということでしょう。これに対し、なぜ宮内庁は必死になって食い止めようとしないのか。それが疑問なんです。宮内庁長官とはどんな人がなるのかという問題になってきますよね。

竹田　羽毛田氏が宮内庁長官に就任したのは小泉内閣の時の平成一七年でした。その前年に有識者会議が設置され、翌年「女性天皇、女系天皇の容認」が打ち出されるわけですが、ここぞというタイミングで、彼は宮内庁長官に送り込まれたわけです。

宮内庁長官の人事権は誰が持つかというと、総理大臣ではありません。羽毛田氏は宮内庁長官を、第一次安倍内閣を経て民主党政権の野田総理の平成二四年まで、長期間務めました。第一次安倍内閣が終わった後、私は安倍さんに聞いたことがあるんです。「なぜ羽毛田さんを辞めさせなかったんですか」と。そうすると、「羽毛田氏を辞めさせようといろいろ手を尽くしたけれども、できなかった」と言うのです。「え、総理大臣をもってして、宮内庁長官ひとり替えられないんですか」と聞いたら、「人事権は総理にはない」とのことでした。ではどこにあるかというと、事務方のトップである事務担当官房副長官にあるそうです。

要するに人事権は官僚機構が持っている既得権益らしいのです。事務担当官房副長官を総理の強力な統制下に置ければ、間接的に総理が差配できますが、第一次安倍内閣の時には、そうではなかったといいます。すなわち、宮内庁長官のポジションは、官僚機構が持っているので、総理大臣としては差配できるポジションではないのです。

そこで重要なのが官僚機構というよく分からない組織です。そこのトップに立っている事務担当官房副長官は、事務次官等会議の議長を務めますから、各省庁の事務次官たちを束ねています。「事務担当官房副長官」と聞くと、どこか弱そうです。事務方だし、長官ではなく副長官ですから。しかし、これが官僚のとても上手なところです。一見権力はそこになさそうに見せかけておいて、実は総理大臣すら及ばない最高の権力を握っています。

閣議の前日には、必ず事務次官等会議（現・次官連絡会議）が開かれます。そしてそこで反対がなかった案件だけが、閣議の議題とされるのです。事務次官等会議の存在自体が官僚支配を物語るものです。それを束ねるのが事務担当官房副長官で、旧内務省系の官庁、すなわち警察庁や旧自治省、旧厚生省の出身者が任命されることが慣例となっていますが、平成一三年の省庁再編後は財務省や旧建設省などの出身者が起用されるケースも出てきています。

これが「シャドー・キャビネット」とも呼ばれる政治の闇の部分で、ここに切り込まなければ、本当の行政改革はできませんし、そもそも現状では民主主義とはいいがたい。いうなれば、官僚主導型の社会主義でしょう。

この事務次官等会議は、民主党政権で廃止されましたが、その後復活し、現在は次官連絡会議という名称で運営されています。以前と違い、閣議に上げる案件を事前に審議する機能はなくなったものの、事務担当官房副長官は、事務次官を束ねる役どころであることに変わりはありません。

門田　元官房副長官（昭和六二年〜平成七年）の石原信雄さんは優秀な官僚として自治省時代から有名でした。国家観もしっかり持っていましたが、それでも慰安婦問題では韓国に騙されています。一方、古川貞二郎さんは佐賀出身で九州大学を出ています。在学時代に国家公務員上級試験に失敗し、一度、長崎県庁に入ってから再チャレンジして合格し、厚生省に入った苦労人です。そこから厚生事務次官に昇り詰め、官房副長官になりました。政治家との間合いのとり方が上手い人ですよね。しかし、古川さんがなぜ女系天皇容認に向かったのかは謎ですね。

竹田　事務次官人事、事務担当官房副長官人事にはおそらく官僚機構の中でもっとも権力の強い財務省が関係しているとは思いますが、どのような勢力がどのような手続きにより人事を決定するのか、実態は不明です。一般には、族議員や「〇〇省のドン」などと呼ばれるような官僚ＯＢが強い影響を及ぼしていたといわれています。安倍内閣下の平成二六年（二〇一四）に内閣人事局が創設されて以降は、多少は変化したようですが、どこまで実効性があるのかよく分かりません。内閣の実力が弱くなったら、以前のように、族議員や官僚ＯＢの介入が復活する可能性もあります。

そもそも法律上の官僚の任命権者は各省庁を所管する大臣です。しかし、実際には省庁人事は事務方が作成する人事案に従うことが多く、結局、官僚自らが自律的に人事を行っているのです。まさしくそこは政治が介入できない「聖域」なのです。

もちろん、宮内庁長官は官僚機構が押さえているポストです。そして宮内庁長官は官房副長官と同様に、多くの場合、旧内務省系の流れを汲む総務省、厚労省、国土交通省、警察庁などの事務次官経験者が就任します。

政策研究大学院大学の飯尾潤教授がこう書いています。「官僚側が自分たちの都合で、ほとんどの人事を決める日本の状況は、かなり異例である。近年まで、任命権者である大臣を含め政治家の介入をほとんど排除することに成功し、各省庁官僚が自律的に人事を行ってきたのである。しかもそうした官僚人事は高度に制度化されており、簡単には壊れない」（『日本の統治構造』中公新書）。

そうなると、やはり官僚人事のなかで生まれる動機は、自分が出世するために、次官がどんな考えの持ち主なのか、上に気に入られるためにどう忖度するかということばかりになります。皇室の伝統をいかに守っていくか、日本の背骨をなす国家観に基づいた政策をどうやって実現するかなどは二の次です。

宮内庁の上層部職員は、ほとんどが主流官庁出身者です。先に述べましたが、大嘗祭の予算編成の際に、宮内庁職員が率先して「これだけ削減します」というような形で、財務省にアピールするのも、それが財務省の意にかなうからです。日本は赤字国債を発行するようになってから、いかに歳出抑制するかが目的となりました。削減できるほど有能な官僚と評価されるのです。

事務担当官房副長官も組織が出していますから、本人が自由気ままに何でもできるわけではないでしょうし、役所同士の力関係で、いろいろな制約もあると思います。

しかしながら彼らは、世論の影響を受けるわけではありません。総理大臣や内閣というのは選挙で替わるし、国会議員の顔ぶれも選挙で替わります。ところが官僚たちはトップ以外、名前も分からないし選挙で落とされるわけではありません。内部は完全なブラックボックスで、指示や命令の系統もよく分かりません。その官僚機構が、こと皇室問題について持って行こうとする方向性は、どう考えても反日マスコミと同じです。マスコミもまたそれをはやしたてます。総理大臣が統制できていればいいですが、それができなくなった時が問題です。一度、放たれてしまうと、ある方向へどっと流れていくのです。

誰が官僚機構を支配しているのか

門田　官僚問題というのはいろいろなところで問題の根が深いわけですが、そうした官僚たちが持つのは、一種の〝万能感〟です。つまり物心がついた時から、出来がいい子で、そのまま優秀なまま成長して、エリートとして万能感を持ち続けたまま、「自分は選ばれた人間である」という自負を無意識に抱《いだ》いてしまっている。そして官僚になると、「自分はえらい。だから思いどおりに国家と社会を動かすんだ」と考えてしまうのです。ですから、国民のために役に立たなければならない、あるいは、自分は公僕《こうぼく》なんだ、全体の奉仕者として働く、などとは、全く考えていないのです。

それは彼らが日教組教育に毒されて、現在の自由、平等、人権、博愛という考え方、もちろんこれはものすごく重要で当然、目指すべきことなんですが、それがあまりに絶対化、肥大化しすぎてしまった中で、「単純正義」の陰に隠れてしまった偽善や悪にも気づかなくなってしまった。その結果、本当に守らなければいけない伝統とか、日本という国柄、その特殊性、これらは自由、人権、博愛とは違う位置にあることが多いのですが、その大切さが分からなくなってしまった。

偏差値秀才から今、官僚になっている人たちは、共産党のような考え方と違って、要するに「男女平等のためには天皇家のほうが変わらなければいけない」と本当に思っているでしょう。マスコミもまた官僚たちと同じように、肥大化、絶対化した考えを持った人たちですから、それが重なり合って大きな力となっている。さらにもともと天皇制粉砕を叫ぶ人たちが、その動きを利用しようと乗っかってきた。それが想像以上の大きなかたまりとなってしまったわけです。うわべだけの自由や博愛を叫ぶ「善意の人たち」がいかに多いか、愕然としますね。

そして、「なぜ男系でなければならないのか」ということを、「価値観の壁」が邪魔をして根本的に理解できないのです。だからひたすら反発するんですよ。一般の人でもきちんと順番を追って話せば分かるのに、本当に残念です。

「男系？　馬鹿じゃないの」がテレビ番組の空気感

竹田　共産党がどう騒いでも政治が動くとは思わないですが、今言ったような極めて優秀な人たちが、官僚をはじめ、マスコミや経済界などに入り込んで世の中を動かしているのです。だからテレビなどの世論調査では、誘導するような質問をして、七割、八割が女性・「女系」天皇賛成といった、おかしな結果が出てくるのです。

ただ、もちろん彼らも自分の仕事があるでしょうし、あらゆる方面に全力で情報収集している人たちばかりとも限りませんので、浅はかな知識・知恵だけで「女系天皇」に賛成している人も多いと思います。

我々の主張を説明すれば、理解してくれる官僚たちはいるでしょう。そうした人たちを一人でも二人でも増やし、少しずつ切り崩して行ければ、官僚機構の中の一つのブレーキになるはずです。

門田　私たちは、「いわゆる藩屏の人たち、血も濃いし男系も維持してきた皇統二〇〇〇年の中にいる人たちが、養子制度を含めた形で復帰すればいい。いざという時はこの人たちがいますから、すこやかな悠仁親王殿下のご成長を見守ればいいんです」と言っているだけなのです。

「悠仁親王殿下を廃嫡にして、女系にするような革命は駄目です」という当たり前のことしか我々は言っていません。それは普通に理解できる話ではないでしょうか。にもかかわらず、相変わらず女系天皇を主張する人たちが、大きな勢力として存在しているのが、今の日本なんです。

竹田　『そこまで言って委員会』などは、このような皇位継承に関する話がちゃんとできる番組ですけれども、それ以外の番組ですと、先に述べたように「男系？　馬鹿じゃないの」という空気感なんですね。それで男女差別だとか男女同権だとかという話になってボコボコに批判されて、「はい次のコーナー」という感じですから。

私なんかテレビ朝日に出る度に、フルボッコ（フルパワーでボッコボコ）になりに行くんですよ。それでも使命感を持ってやりますが、たった一人対全員という構図ですからね。ゲストを呼んでおいて全員で叩くんですから。

これが普通のメディアなのです。官僚の多くも「男女同権だし、当たり前でしょ」となる。そもそも皇室に興味のない人も多いですし、「いいじゃない、時代と共に変わって行けば」という程度の認識の人ばかり。社会全体が我々の主張を、封建的で前近代的でアナログ的なものと見てしまうんですね。

門田　アナログとか、トレンドとかの問題じゃないですよ。そんな軽い事柄ではないのに、それすら理解不能なんですよねえ。そもそも、これまで二〇〇〇年続いてきた皇統唯一のルール、つまり日本を最古の国にした元のルールを、現在の価値観で簡単に変えてしまうということ自体、不遜ですよね。不遜だと言うとまたフルボッコ状態にされてしまいますが（笑）、少なくとも、先人の智慧に対して敬意を払うべきです。そういう意識をきちんと持ってもらいたい。そうでないなら、「あなたは本当に日本人ですか？」と問いたいです。

旧皇族復活に賛成してくれた三笠宮寛仁親王殿下

竹田　小泉内閣の時は、まだそれなりに対等に議論ができたのを覚えています。ところが今は男系維持とか、ましてや旧皇族の復帰などと言うと「馬鹿じゃないの」と言われる雰囲気になっているのです、番組自体が。これには危機感を覚えます。

すでに、悠仁親王殿下がご誕生になってから一〇年以上経ちましたが、実は徐々に男系維持の重要性が浸透したのではなく、逆に一〇年議論を寝かした結果、男系維持はより不利な状況に至ったといえます。かつてないほど、女性天皇や「女系天皇」を容認する風潮が浸透してきたと思います。

小泉内閣時の世論調査の数字をよく覚えているのですが、当初、小泉総理が女性・「女系」天皇容認を打ち上げた時は、九割以上が賛成でした。テレビだと、街角インタビューで「愛子さまが将来、天皇になることをどう思いますか」と尋ねられて、「男女同権だから、いいんじゃないかな」「可愛いからいいんじゃないですか」などと一般の人が答える声を流していました。私はこれを見て「これはまずい」と思って、『語られなかった皇族たちの真実』という本を書いたのです。議論のきっかけにはなったのではないかと思います。

三笠宮寛仁親王殿下は、議論が盛んになっていた頃、ちょうど私が宮邸に行った時に、「恒泰君、もう女系天皇というのはしようがないのかね」と御下問がありました。私は「いえいえ、何を仰いますか」と、継体天皇の事例をはじめ、皇位継承の危機に際して先人たちが工夫しながら男系の皇統をつないできた経緯や、旧皇族を活用することで男系を保つ方法があることを申し上げました。

すると寛仁親王殿下は、そのようなことをご存じではなかったようで、「まだ男系を守る方法はあるのだね」とお喜びになり、「分かった。今日うちの娘を連れて帰っていいから。お前が新《あら》たな宮家を作れ」と。それであわてて「畏れ多いにもほどがあります」と拝辞しました（笑）。

もちろん、これは寛仁親王殿下一流のジョークです。それほど殿下は、男系の皇統が断絶することに対して深く悩んでいらっしゃったということです。私はこの際に、かなり詳しく説明させて頂き、以来、殿下は完全に男系維持派におなり遊ばしました。

その後、私が『語られなかった皇族たちの真実』という本を上梓し、寛仁親王殿下も男系維持をするべきだという趣旨の記事をある福祉団体の機関紙に投稿なさり、大きな議論が巻き起こりました。半年程度の国民的議論の末、紀子殿下のご懐妊の前段階の世論調査で、女性・「女系」天皇に賛成の人は半年の間に激減し、六割もしくは五割台まで下がったのです。たった半年の間に四〇〇〇万人位が意見を変えたということを意味します。

あの時は旧宮家の一員から反対意見が出て、さらに現職の皇族からも反対意見が出たということで、一気に議論が活性化し「過去に女性天皇はいたけれど、女系天皇はいなかった」と気づいた人も大勢いたのです。その結果、賛否はトントンぐらいにまでに落ち着いてきたわけです。それが小泉内閣の時の状況です。

直近の世論調査では、七割から八割が女性・「女系」天皇に賛成となっています。あの時の議論が忘れ去られてしまって、女系天皇容認派が勢力を盛り返してきたようです。あれから時間が経過して、皇位継承に関する正しい考え方が浸透するどころか、完全に後退しているのです。

このような状況で、旧皇族復帰はかなりハードルが高いと思います。止まることも難しいほどですから、一部の人を皇族に戻すことに対して、猛烈な圧力と反発があると思います。もちろん官僚もそうですが、一般世論においても、「女系天皇」を実現させないなら内閣を支持しない、という風潮が醸成されると、いよいよ危険です。

「女系天皇」に反対する麻生太郎元総理が菅政権内にいるから今はまだよいですが、世代交代してしまうと、女系容認を訴えた河野太郎氏にお灸を据える人もいなくなってしまう。だから、これからの戦い方は難しいと思っています。少しでも多くの理解者を得ていかねばなりませんし、その方法は多様でなければならないと思います。私はまず中学校の歴史教科書を作ることで、新たに一石を投じていきたいと思い、この戦いに挑んでいます。これについては、後で詳しく述べたいと思います。

第六章　「八月革命説」というフィクション

問題提起　皇室軽視の元凶は東大法学部

竹田恒泰

戦前と戦後の歴史を断絶した宮澤俊義・東大教授

日本国憲法は、大東亜戦争終結後の占領下において、連合国軍最高司令官総司令部（GHQ）が作成した草案に若干の修正を施して成立したものです。戦後の憲法学に極めて強い影響力を与えた一つの学説が、東大の宮澤俊義教授による「八月革命説」です。

これは、戦後の日本を、戦前の大日本帝国とは全く何の関係もない新国家が樹立されたものと説明した学説で、現在に至るまで、憲法学界では圧倒的な支持を受け、通説として支持されています。この学説は、戦前の日本と戦後の日本の国家としての連続性を完全に否定する見解ですから、当然、帝国憲法の基本原則は日本国憲法には引き継がれなかったとの理解になります。

憲法の基本原則が根底から入れ替わり、帝国憲法下において主権者だった天皇はポツダム宣言受諾により自ら主権を放棄し、代わりに国民が主権者となって、その主権者国民が、もったいないから、天皇を新たに「象徴天皇」という人畜無害な形式で残すことにしたのが現在の皇室であると説きます。よって「戦前の天皇と戦後の天皇は、『天皇』という呼称は同じだけれども、本質的に全く異なるものだ」というのです。したがって、八月革命により、伝統的な日本の王朝は倒された、ということになります。

「八月革命説」を前提とする場合は、皇室は昭和二〇年に発足した歴史の浅い制度に過ぎず、「皇室の伝統」といっても、それは昭和二〇年以降しか考慮する必要がないものなのです。それ以前は前の王朝の話に過ぎないことになります。この「八月革命説」は、内閣法制局は当然として、官僚に深く浸透していて、エリートほどこのような思想を強く持ち合わせているのが現状です。

そのようなエリートたちが、官僚をはじめ、マスコミや、社会に影響を与える組織の奥深くに入り込んでいます。彼らは意識しているかにかかわらず、歴代天皇の話は今の日本には関係のないものと理解していて、まして神武天皇など全く取り合う価値のないものと見ているのです。

将来男系継承が断絶して、皇統が入れ替わったとしても、彼らには「二〇〇〇年以上の歴史を持つ王朝が断絶させられた」という認識はないでしょう。つい最近始まった新王朝（新日本）の最近の「ルール変更」程度の軽い出来事でしかないような気がします。

そしてこの「八月革命説」は、憲法を勉強している者の特殊な論理ではなくて、左翼的なイデオロギーとして、皇室を軽視する考え方の精神的支柱のようなものになってしまっています。私がなぜ「八月革命説」を批判する論文を書こうとしたかというと、憲法の専門書を読むと、目を疑うような驚くべき記述が連続していて、このような思想が、反天皇の精神的支柱として共有されていると理解したからです。

「日本の国は戦後できた新しい国」「皇室の伝統など、戦前まで遡る必要はない」「昭和天皇が初代天皇である」というような記述が、憲法の専門書には頻繁に出てくるのですから驚きました。

「八月革命説」では現皇室は、終戦以前の歴史的慣習には一切拘束されないと解釈されるので、例えば女性・「女系」天皇の是非についても、歴史的に女性天皇が存在しようがしまいが、現憲法に天皇制度が過去の前例を踏襲する必要はない、などと指摘されるのです。

諸悪の根源「八月革命説」を打破する意義

学界や官僚たちは、日本がポツダム宣言を受諾した昭和二〇年八月に「八月革命」が起きたことを大前提に、皇室を語ります。ということは、官僚たちの天皇の解釈は「八月革命説」を論理的に否定しない限りは、永遠に変わらないことになります。内閣法制局もそのような思想に基づいて天皇を解釈しているわけですから、諸悪の根源は「八月革命説」にあると言っても過言ではないでしょう。ならば、枝葉末節を叩くのは時間の無駄だから、木の根っこから切り落とさないといけないと思いました。私が「八月革命説」を批判する『天皇は本当にただの象徴に堕ちたのか』（ＰＨＰ新書）を書いたのは、そのような理由からです。

私たちは伝統を重視して議論しますが、相手方はそもそも伝統に価値を置いていません。エリート官僚たちは「八月革命説」に汚染されて、ポツダム宣言の受諾によって、日本の伝統は終わったと信じているわけです。「天皇から国民に主権が移ったのだから、革命が起きたのだ」という主張は、それなりに説得力があるのです。だから議論は常に平行線になります。よって立つ思想が異なるのですから当然です。

だけどそれは、フランス革命のような実力行使による革命ではない。革命とは実力行使によって、もとの秩序を破壊するものですから、これを「法学的な意味における革命」という概念を用いて説明できるとは思いません。静かではあっても国家の基本原理が否定されたという意味合いで「主権者は変更した。革命が起きた」と語ると、騙される人が多いのです。

しかし、大日本帝国憲法から日本国憲法への変更を、「革命」と結論付けるのは誤りです。それは全くのフィクションであって、日本国憲法はあくまで大日本帝国憲法が「改正」されたものであって、それ以外の何物でもありません。ところが憲法学では、現在でも「八月革命説」に疑問を持つこと自体が禁忌とされ、疑問を差し挟むことは「学統」を受け継ぐうえで好ましくないとされるのです。

日本の憲法学では「八月革命説」を批判する学者は戦後一人もいませんでした。私は慶應義塾大学名誉教授の小林節先生に、博士論文を指導して頂きましたが、「八月革命説」を否定する私の論文をお読みになって、先生は「確かに君の言うことは正しい。私は長年、憲法学を学んできたが、一度も『八月革命説』を疑問に思ったことがなかった。でも確かにおかしい。『八月革命説』はフィクションだ」と仰いました。これまで誰も反論しなかったため、疑問に思うこともなかったという憲法学者は多いと思われます。

宮澤説と対決した京大・佐々木惣一博士

門田　「八月革命説」を「正しく」理解する――それがエリートたちにとっては「絶対の解答」です。東大法学部のテストでマルをつけられるために、それを一生懸命、勉強して、無理矢理、宮澤説というものを正当化してきたわけです。

大東亜戦争の敗戦によってGHQが進駐してきて、すべて国が変わっていったというのは一種の革命です。国民がやった革命ではないが、GHQによってこれがもたらされた。しかし、それは「八月革命説」で述べられている内容とは全く異なります。

「八月革命説」は日本がポツダム宣言を受諾し、それによって日本国憲法が制定され、天皇から国民への主権が変更されたから「革命」であって、日本国憲法は革命憲法であるとするわけですが、そのような論はあり得ません。けれども、憲法学の中では「八月革命説」がずっと中心になっていて、この説を暗記してマルをもらってきた人たちが官僚になっているわけです。

特に内閣法制局というのは、東大法学部出身の選りすぐりのエキスパートが集められた法律の専門家集団です。そこでは法の解釈判断が行われ、国の見解が決められます。その判断が宮澤説に基づくわけです。つまり宮澤説に、エリートはいまだに支配されているのです。

それに真正面から竹田さんが異を唱えて、本を出したらベストセラーになった。それは素晴らしいと思うんですが、そもそも「八月革命説」を一般の国民が聞かされたらポカンとするでしょう。「革命なんか、してないですよ……」と(笑)。私たちが主権者になって、憲法を作ったなんて虚構も虚構、お笑いの世界じゃないですか。

つまりエリートたちは「マニュアル人間」なんですよ。でなければ、この説のおかしさが分かるはずです。

日本国には営々と築いてきた歴史、伝統というものがあります。だから本来なら、そう簡単には変わらないのです。歴史を断ち切って、共産主義者のように「違う国になったんだから、こうしなさい」とはならないはずです。例えば安倍晋三前総理のように、これまで人々が培ってきた伝統や皇統によって、日本は「他の国とは異なる」ということをきちんと分かっている人がトップに立った期間もあったわけです。

官僚というものは、上にいる人間の言うことを理解する能力は持っていますので、安倍政権下ではいろんなことが進みました。しかし、皇室典範の改正だけはできませんでした。女系天皇容認派を止めることはできたけど、逆の方向に進めることはできなかった。

その抵抗の壁の大きさは計り知れない。竹田さんはそのことを知る数少ない研究者ですね。

竹田　まさに宮澤俊義先生などは東大憲法学の重鎮中の重鎮であり、この学統を受け継いでいる東大の憲法学者が、この説に楯突くことなど、端《はな》からありえません。東大といった権威の中にいる憲法学者たちは、宮澤憲法学を避けて通ることはできないばかりか、批判などしたら、それこそ学界から爪弾《つまはじ》きにされてしまいます。「軍国主義者」とさえ言われかねない。反論を唱えること自体、許されない空気があるのです。

かつては京大が東大に対抗する立場にいました。京大学派は「日本国憲法は大日本帝国憲法の改正である」とする改正憲法説をとってきました。京大の著名な憲法学者である佐々木惣一《そういち》博士などは、憲法に対して東大とは全く違った見方をしてたのです。私自身は佐々木先生の学統を受け継いでいると思っているのですが、もうそのような学者は他にいません。今の京大の憲法学者は、東大憲法学のカーボンコピーに成り下がってしまっています。東大に対して何か物を申すという空気が、京大にはもう存在しないようです。

門田　しかし、ある有力な学説に対して、「それは違うのではないか」という指摘をして、新たな学説を打ち出すことにより、自分の名前は上がってくるはずです。

例えば明治二三年に起きた民法の施行をめぐる民法典論争は、施行延期を訴える東京帝大と中央大学連合と、施行実施を主張する明治大学と法政大学連合が対決しました。そうすると、東大に対抗する勢力として明治大学や法政大学の名前が「上がった」わけです。それはものすごく重要なことです。

「八月革命説」にしても、中身は突っ込みどころがあまりにも多い。だから、京大でも慶應でも中央でも、どこの大学でもいいですから、戦いを挑んだらいいと思います。しかし、そうならないところが日本のアカデミズムの世界の異常性と狭量ぶりを物語っています。

戦後を呪縛するWGIP

竹田　研究者が構成する学界は狭い世界です。特に憲法を勉強しようという者は、数ある法学分野の中でも、主に自由、平等、人権について勉強しようとする人たちです。だから、「八月革命説」に凝り固まったような人が憲法学者になろうとするわけです。憲法学者と話をすると、だいたいの人が「『八月革命説』というのは当たり前で、それに代わる説はない」と言い切るくらいのレベルの低さなのです。

思うに、それは「ウォー・ギルト・インフォメーション・プログラム（ＷＧＩＰ）」の影響を強く受けているからだと思います。ＧＨＱが日本人に対して戦争犯罪の罪の意識を植え付けるという目的で、戦後の宣伝工作として行った工作ですが、その結果、政治や学問のあらゆる分野で、日本人の思考を縛ることになりました。

ですから、私の考えるように「大日本帝国と今の日本国がつながっている。天皇は戦前と戦後で連続性がある」という話になると、激しい反発を受けます。「軍国主義者」「ポツダム宣言受諾を知らないのか」「戦後日本の平和主義を否定するのか」などと、風当たりがものすごく強い。正しいことを正しいこととして言えなかった時代が長かった結果でしょう。

今では、論理立てて説明すれば理解してくれる人もいるでしょう。しかし、少なくとも半世紀以上は、東京裁判史観に疑問を投げかけるような主張は禁忌でした。まさに今、中学生向けの歴史教科書を作っていて感じるのですが、中学の歴史教科書で天皇に関する良い話は、ＧＨＱが消し去ってからは、一つも教科書に戻ってきてないのです。

普通の教科書に出てくる天皇に関する話といえば、皇室の恥部のような話ばかりです。壬申の乱、保元の乱、承久の変など、皇室の内部抗争や、上皇の挙兵とか、血みどろの話ばかりが取り上げられているのです。

昭和天皇がマッカーサー元帥とご引見なさった時の美しい話も教科書には絶対に載っていないですし、仁徳天皇が国民の窮乏生活を心配なさる「民のかまど」の話も、紹介されることはありません。

ですから、古き良き日本を評価することは危険思想とみなされるのです。それらを全部封印して、戦後、アメリカや国際社会からもらった立派な憲法を元に新日本が作られた、という話ばかりが宣伝されて、教科書に取り上げられるのです。

このように思想が凝り固まってしまっているので、「八月革命説」についても「戦後に憲法が切り替わって国の基本原理が変わった。これは一種の革命だった」というフィクションを違和感もなく、皆が理解してしまっているのです。だからＷＧＩＰはかなり力を発揮したといえます。

憲法制定をめぐりＧＨＱと戦っていた日本政府

門田　日本は昭和二七年に占領期を終えました。その後、「五五年体制」になって、憲法改正を主張する保守政党である自由民主党が政権を取った。そこに「八月革命説」のような間違った学説を主張する勢力が出てきたら、それこそ民法典論争のようなものに発展する素地が十二分にあったわけです。もう占領軍も去ったわけですから。なのに、そうはならなかった。情けないことです。竹田さんは原因をどう分析していますか。

竹田　やはり日教組が影響していると思いますね。ＧＨＱが占領を解除する時に日教組を作って、思想工作を継続しました。日教組を作ったのがＧＨＱだということは、一般の人はあまり知らないかもしれません。占領解除した後も、引き続き日本人に占領政策を継続させるという意味です。ですからＷＧＩＰは占領解除後も続きました。まさに精神的な武装解除が継続したのです。

日教組は長い間、力を持ち続けました。そのため、日教組の教育を受けた子が育って、日本社会に影響を与えたと考えられます。メディアは当然として、日本社会全体が、自虐史観に陥ったのはそのためでしょう。だから真正面からそれを研究する人もリスクが大きすぎてやらなかった。皆触れずにいたので、これは当然正しいものだと理解され続けてきたわけです。

そもそも、ポツダム宣言は、国体を護持するために受け入れたものでした。宣言を受諾して国を明け渡した事実はありません。だから革命など起きたわけがないのです。

日本は国体を護持するために、わざわざアメリカ側に「天皇の地位を変更する要求を含まないという理解のもとでポツダム宣言を受諾する。この理解が正しいかどうか返答してほしい」とまで念を押した受諾文を打電しているのです。

アメリカもずるいのですが、この問いに正面から答えずに「天皇はＧＨＱの制限の下に置かれる」という返答をよこしてきました。これに対して、陸軍大臣からは「これでは皇統の破壊だ」との意見が出ましたが、一方で「これは天皇の存在を前提としているのだから、好意的に理解してよい」という、外務大臣の意見もあり、揉めるに揉めた。挙句、最終的に昭和天皇の御聖断によって受諾が決まりました。日本は、ポツダム宣言受諾でも天皇の地位は変更されないとの確認を取ったうえで、ポツダム宣言を受諾したのです。

だから帝国憲法が日本国憲法に変わったからといって、天皇の原理が変わったわけではありません。人権の考え方や議会の在り方が変化したことばかり指摘されますが、むしろ変わっていないところに目を向ければ、天皇の法的権能などは戦前戦後もほとんど変わっていないことに気づくはずです。

変わったふりをして、実は国体をしっかりと継続したというのが、大日本帝国憲法から日本国憲法への「つなぎ」だったのです。それは当然、おおっぴらに語れるものではありませんでした。「新日本建設」がスローガンになっていたので、「天皇の地位は変わっていない」などとは言えたものではなかったわけです。それで静かにしていたら、それが真実になってしまったのです。

日本国憲法の草案を審議した委員会の審議録が残っています。一条、一条、句読点の位置に及ぶまで国会で審議した何千ページにも及ぶ記録で、それを見ると、GHQと相当戦っていたことが分かります。

GHQが出してきた草案をもとに政府案を作成し、GHQとの交渉を経てそれに若干の修正を施して、内閣草案を整えました。それが枢密院で可決され、大日本帝国議会の衆議院に「大日本帝国憲法改正案」として提出されます。衆議院でも若干の修正を加えて可決し、貴族院に送付されました。その貴族院でも若干の修正が加えられて可決され、この修正に衆議院が同意して、大日本帝国議会での審議が終わります。改正案は再び枢密院で審議され、大日本帝国議会での修正が同意されたため、憲法改正の審議がこれで終わりました。

最終的に出来上がったものは、GHQ草案とはかなり違った条文もありました。体裁上はさも日本の国体が変わったかのようになっていますが、よく見ると、全体として国体は変更されていないと評価できます。共通項も多く、単に表現が変わっているだけで意味はほとんど変わっていない条文もありました。実は天皇の権能も変わってはいなかった。やはり残すべきものは確実に残したのです。

当時の日本人は「ＧＨＱ草案のままではマズイ」と危機感を募らせ、手を替え品を替え、変えるフリをしながら、実は何ら国体は変更されていない憲法改正案を作り上げたのです。

拒否できなかった「マッカーサー三原則」

門田　マッカーサーが民政局に対して、憲法草案を作成するように命じた際に、譲ってはならない条件として三つのことを示しました。第一に天皇を残すこと、第二は戦争の放棄、第三は華族制度の廃止です。いわゆる「マッカーサー三原則」です。それは、

一、天皇は国家の元首の地位にある。皇位は世襲される。天皇の職務及び権能は、憲法に基づき行使され、憲法に表明された国民の基本的意思にこたえるものとする。

二、国権の発動たる戦争は廃止する。日本は、紛争解決のための手段としての戦争、さらに自己の安全を保持するための手段としての戦争をも、放棄する。日本はその防衛と保護を、いまや世界を動かしつつある崇高な理念に委ねる。日本が陸海空軍を持つ権能は、将来も与えられることはなく、交戦権が日本軍に与えられることもない。

三、日本の封建制度は廃止される。貴族の権利は、皇族を除き、現在生存する一代以上には及ばない。華族の地位は、今後どのような国民的または市民的な政治権力を伴うものではない。予算の型は、イギリスの制度にならうこと。

というものでした。例えば、日本国憲法九条に該当する二の部分などは、国家としての存立を放棄することを意味します。それでもGHQに押し戻すことができなかったですね。

竹田 九条に関しては相当、揉んだようですが、取り付く島もなかったそうです。天皇に関しては「天皇は国家元首として残す。ただし、権能を持たせない」という内容だったのですが、天皇の存続は当時の日本人がもっとも望んだことでしたから、「マッカーサー三原則」でそれを第一番目に指示されたことは、とても重要でした。だからこそ天皇が残ったわけです。しかし二番目に書かれている「戦争を放棄する、軍隊を持たない」という文言については、ほとんどそのまま手を加えられずに、現在の九条に反映されてしまいました。

この二つ以外のことについては、交渉によって、日本側が押し戻した部分もかなりあります。九条に関しては、おそらくアメリカ本国の世論を意識したこともあるのでしょう。

ＧＨＱとしては、これだけ日本を完全に軍事的に無力化したということを、成果としてアメリカ本国に報告しなくてはなりませんでした。

日本が二度とアメリカの敵になることがないよう、精神的な武装解除と物理的な武装解除の両方を完全に成し遂げる必要がありました。それがアメリカ国民の最大の期待でした。だから「三原則」の中に九条の元になった文言が入っていたのは、当時の状況からすれば当然だったと思います。

ドイツと何が違うのか

門田　ドイツも憲法である「基本法」をめぐって、すごく揉めましたね。連合国側が出してくる案と激しいバトルをやって、基本法を決めるまでにいろんな出来事が起こります。責任者が辞めたり、「俺も反対だ」「俺たちの州はこうする」という意見が噴出したり、さまざまなことを経た結果、基本法ができ上がった。

日本の場合は「マッカーサー三原則」以外は、他の部分にいろいろと修正を加えることはできました。しかし、国家としての根幹となる部分、主権放棄である武力を保持しないとか、交戦権の否定とかは受け入れざるをえなかった。ドイツではものすごく揉めて、最後は連合国側が「これ以上はやめだ」というぐらいになりました。そして基本法ができ上がると、以後六〇回以上も改正を行っています。勝者が自らの意見をごり押ししてくるというのは、ドイツも日本も同じでしたが、ドイツとは、抵抗の度合いが全く違うわけです。

竹田　おそらくその違いは、戦争の終わり方の違いによるものだったと思います。ドイツは国家ごと解体されてしまった。そして全部、責任をナチスに押し付けました。そうすると、それ以外のドイツ人は、すべて悪いのはナチスのせいということで、「俺たちは悪くなかった」という論理ですから、意見が言えるのです。

ところが、日本の場合は占領を受け入れ、GHQも直接、自分たちが権力を行使するのではなく、日本政府を通じて間接統治したわけですから、正面から喧嘩する間柄ではなかった。つまり、日本は大幅に譲歩して表面上は穏やかであるけれども、双方にとってどうしても受け入れられないとお互いに尊重する、という形で進んでいったんですね。日本が譲れなかったのは天皇の存置、アメリカが譲れなかったのは戦争の放棄と軍の不保持だったということです。

日本は「すべて悪いのは××だ」と言って終わらせたわけではありません。日本国そのものは継続していますから、国家まるごと崩壊したナチス・ドイツとは、その違いが大きかったと思います。ある意味でGHQも大人だなと思うのは、最初は自らの草案を出しますが、議会で揉んでいろいろと変更されたものに対しては、最終的には承認を与えました。

戦争放棄に関しては強い要望があったにせよ、それ以外は基本的に自由民主主義の国ですから、総選挙までやって議会で決めたことについては、基本的に尊重する立場を取ったものと思われます。だから、日本人が議論して決めたことは認めたのでしょう。もしアメリカがそれを否定してしまったら、民主主義を尊重するその基本姿勢そのものが矛盾をきたすことになりますから、当然といえば当然ですが、占領中に理不尽なことを押し付けるのもまた歴史の常ですから、その点においてアメリカは紳士的だったと言えると思います。

門田　アメリカは「マッカーサー三原則」のうち、二番目の戦争放棄は最重要の事項であり、それを日本は受け入れたのですが、その後に朝鮮戦争が始まってしまいます。日本の再軍備が必要になったわけで、アメリカは「しまった」と思ったでしょうね（笑）。

しかし、それ以外の部分は自由にやりなさいということで、ある程度の権限を与え、天皇も存続した。そうすると、ここにおいて「八月革命説」は説得力を持たなくなります。当時はまだその説は出てきていませんが。

竹田　当時、日本政府の公式見解としては、日本国憲法は「改正憲法」としていました。つまり「大日本帝国憲法に定められた手続きを踏んで、憲法を改正したものである」ということです。これが当時の金森徳次郎憲法担当国務大臣の答弁に出ています。

金森大臣は「大日本帝国憲法を改正したのが日本国憲法です」と何度も述べています。だから、どこかの国の外圧とか革命により、国家の連続性を断ち切って国民が新憲法を樹立したということではなかった。これはＧＨＱの方針でもあったのです。ＧＨＱとしては、正規の手続きを踏んで、天皇の裁可を経て、天皇によって公布された改正憲法は、何もないところから突如出てきた憲法よりも、国民が尊重するはずだと考えていました。その点では日本政府とＧＨＱの意見が一致したということです。

だから後に主張された「八月革命説」は、端からフィクションもいいところでした。当時、革命という空気は大日本帝国議会にも存在しなかったのです。

第七章 マッカーサー元帥は天皇に敬服した

問題提起 昭和天皇の孤独な戦い

門田隆将

敗戦時に自らの身を顧みず

大東亜戦争の敗戦により、日本は世界最古の国としての存続に、最大の危機を迎えました。この危機を救ったのは、天皇陛下（昭和天皇）ご自身でした。ＧＨＱのマッカーサー元帥との会見で、マッカーサーは天皇という存在に大きな衝撃を受けたのです。

昭和二〇年九月二七日、天皇陛下は初めてマッカーサーをご訪問になりました。この時、マッカーサーは天皇陛下が命乞《ご》いに来るのだと思っていたようです。『マッカーサー回顧録』にはこう記述されています。

「私は天皇が、戦争犯罪者として起訴されないよう、自分の立場を訴えはじめるのではないか、という不安を感じた。連合国の一部、ことにソ連と英国からは、天皇を戦争犯罪者に含めろという声がかなり強くあがっていた」

ところが、天皇陛下の口から出たのは、次のような言葉でした。

「私は、国民が戦争遂行にあたって、政治軍事両面で行ったすべての決定と行動に対する全責任を負う者として、私自身をあなたの代表する諸国の裁決に委ねるためお訪ねした」

(『マッカーサー回顧録』)

この場面については、藤田尚徳侍従長の『侍従長の回想』ではこう書かれています。

「敗戦に至った戦争の、いろいろの責任が追及されているが、責任はすべて私にある。文武百官は、私の任命する所だから、彼等には責任はない。私の一身は、どうなろうと構わない。私はあなたにお委ねする。この上は、どうか国民が生活に困らぬよう、連合国の援助をお願いしたい」

言葉が少しずつ違いますが、主旨は同じです。

この時、マッカーサー元帥は「私は大きい感動にゆさぶられた。死をともなうほどの責任、それも私の知り尽くしている諸事実に照らして、明らかに天皇に帰すべきではない責任を引受けようとする、この勇気に満ちた態度は、私の骨の髄までもゆり動かした。私はその瞬間、私の前にいる天皇が、個人の資格においても日本の最上の紳士であることを感じとったのである」（『マッカーサー回顧録』）と心が震えた様子を書いています。

天皇から受けた衝撃があまりにも大きく、それがマッカーサー元帥の考え方を変えてしまったのです。

日本は終戦直後の食糧難で多くの日本人が飢餓にあえいでいました。終戦の時に農相だった松村謙三は「その実情は言語を絶するものだった」（『三代回顧録』東洋経済新報社）と記しています。

国民の命をつなぐ食糧がないために、多くの餓死者が出ると予想した松村は、台湾の蓬《ほう》莱《らい》米の調達をはじめ、いろいろな方策を施して日本人の命を救おうとしました。実際、台湾米がかなりの命を救っている。しかし、全く足りません。松村に対し天皇陛下は「戦争に塗炭《とたん》の苦しみをした国民に、このうえさらに多数の餓死者を出すようなことはどうしても自分には耐え難いことである」と心の苦しみを打ち明けられました。そして、皇室の御《ぎょ》物《ぶつ》の目録を差し出し、「これを代償としてアメリカに渡し、食糧にかえて国民の飢餓を一日でもしのぐようにしたい」と仰ったのです。

実際に、幣原喜重郎首相はこれに従って財産目録をＧＨＱに差し出しました。するとマッカーサーは「自分が現在の任務に就いている以上は、日本の国民の中に餓死者を出すような事は断じてさせない。必ず食糧を本国から輸入するような方法を講じる」と、皇室の財産には手を付けませんでした。

そしてアメリカから莫大な援助が行われます。占領下の六年間で、アメリカから受け取った経済援助の総額は実に一八億ドル、六四八〇億円です。もしこれがなかったならば、日本に餓死者がどのぐらい出ていただろうか、と想像すると背筋が寒くなります。

受け継がれてきた天皇の務め

昭和天皇が昭和五〇年に訪米した際、天皇陛下はアメリカ国民に、この時のお礼の言葉を述べられました。

「私は多年、貴国訪問を念願にしておりましたが、もしそのことが叶えられた時には、次のことを是非貴国民にお伝えしたいと思っておりました。と申しますのは、私が深く悲しみとする、あの不幸な戦争の直後、貴国が、我が国の再建のために、温かい好意と援助の手を差し延べられたことに対し、貴国民に直接感謝の言葉を申し述べることでありました。当時を知らない新しい世代が、今日、日米それぞれの社会において過半数を占めようとしております。しかし、たとえ今後、時代は移り変わろうとも、この貴国民の寛容と善意とは、日本国民の間に、永く語り継がれていくものと信じます」（高橋紘書『昭和天皇発言録』小学館）。

つまり、これらの話は全部、つながっているんですね。

天皇陛下はマッカーサーに「一身を委ねるためにお訪ねした」「責任はすべて私にある」「日本国民を助けてほしい」と言われた。それに対して、マッカーサーは「日本の国民の中に餓死者を出すような事は断じてさせない。責任を持って自分はやる」と言って、幣原喜重郎から目録を受け取ることなく、巨額の援助を行った。

そのことに天皇陛下はずっとお礼をお伝えになろうとしていた。そして三〇年後の昭和五〇年、歴史的な訪米が実現した時に、それを「述べられた」ということです。心からの陛下のお礼のお言葉にアメリカ人が感動したと同時に、日本人も、改めて過ぎし日のアメリカからの援助のことを思い出したのです。

これは仁徳天皇が民衆の貧困を心配して税を免除し、自らの生活は困窮しても民衆を助けた「民のかまど」と全く同じ発想から出るお言葉だと思います。

つまり、天皇とは国民の幸せ、安寧を祈る存在であり、それをありがたいと思って守り通してきた日本人との関係があったことを改めて考えさせられます。

上皇陛下は御代替わりの平成二八年八月八日、天皇の務めとして二つのことを挙げられました。

「私はこれまで天皇の務めとして、なによりもまず国民の安寧と幸せを祈ることを大切に考えてきましたが、同時にことにあたっては時として人々の傍に立ち、その声に耳を傾け、思いに寄り添うことも大切なことと考えてきました」と、お言葉を述べられています。そして、全国を回って国民に寄り添われてきた。それが「私が皇后と共に行ってきた、ほぼ全国に及ぶ旅は国内のどこにおいてもその地域を愛し、その共同体を地道に支える市井の人々のあることを私に認識させ、私がこの認識を持って天皇として大切な国民を思い、国民のために祈るという務めを、人々への深い信頼と敬愛を持って成し得た事は幸せなことでした」という言葉につながっています。

マッカーサーを揺り動かしたものとは、国民のためを思う昭和天皇の〝祈り〟だったと思います。それは現在の上皇陛下、さらには天皇陛下に受け継がれているのです。おそらくマッカーサーは〝信じられないもの〟を見たんじゃないでしょうか。そして、二〇〇〇年という長きにわたって存在した天皇が、いかに国民にとって重要なものだったか、初めて気がついたのではないかと思います。

九割以上の国民が皇室を支持

竹田　マッカーサー元帥は、天皇は命乞いをするものだと思って、昭和天皇を出迎えることもせず、司令官室で待ったままで、しかも、昭和天皇は正装を着用していらしたのに対し、元帥は略装の開襟シャツでした。最初は〝I tell the emperor〟つまり「天皇に物申す」というような態度だったらしいのですが、会談していく中で徐々にyour majesty、つまり「陛下」という言葉に変わり、最後には車寄せまで見送りまでしたというように、態度が変わりました。その後、マッカーサー元帥は本国に極秘電報を送るのですが、これは次のような内容でした。

「天皇を起訴すれば、紛れもなく日本国民に凄まじい動乱を引き起こすことになるだろう。その影響はいくら評価しても評価しすぎることはない。天皇はすべての日本人の統合の象徴である。天皇を葬れば、日本国家は崩壊する。実際のところ、すべての日本人は天皇を国の元首として尊崇していて、善かれ悪しかれ、ポツダム宣言が天皇を維持することを意図していたと信じている。

もし連合国の行動が彼らの歴史的な思いを裏切ったならば、そこから生じる日本国民の憎悪と憤激は、間違いなく未来永劫にわたって続くであろう。幾代にもわたる復讐のための復讐が引き起こされ、その悪循環は何世紀にもわたって途切れることなく続く恐れがある。私の考えによれば、全日本人は、消極的あるいは半ば積極的な手段により、天皇を葬ることに抵抗するであろう。彼らは武装解除されているので、訓練され武装された軍にとって特別な脅威はない。しかし、政府のすべての機構が崩壊し、文化的活動が停止し、反体制の混沌無秩序な状態が、山岳地帯や地方でゲリラ戦を引き起こすことは想像できないことではない。

思うに、近代的な民主主義の手法を導入するという希望は消え去り、引き裂かれた人々の中から、共産主義路線に沿った強烈な政府が生まれるだろう。これは、現在の占領の状態とは完全に次元の異なった問題が起きることを意味する。そうなった場合、駐留軍を大幅に増員することが不可欠となる。最低百万人の軍隊が必要とされ、軍隊は永久的に駐留し続けなければならない可能性が極めて高い」

このように言っているんですね。当時、アメリカの世論は「天皇を殺せ」という考えで、まして、皇室を存続させるなどありえない雰囲気でした。マッカーサー元帥はそれを知っていたけれども、昭和天皇と会って、皇室を残さなければならないと思ったわけです。先ほど門田さんが指摘した通り「これが天皇の凄さか」と驚いた。つまり元帥は神武天皇建国の理念をそこに見た、ということです。それは、日本人は皆家族である、日本列島は私たちにとって家である、という「八紘一宇《はっこういちう》」の精神です。

昭和天皇は、戦争の全責任は自分にあり、国民のために何でもすると仰った。一方では連日、「天皇を存続させて欲しい」という膨大な数の要望書がGHQに届きました。マッカーサー元帥は、天皇に関する要望書は全て自分が読むと指示し、すべての投書に目を通しますが、ほぼ全てが皇室の存続を訴えるものでした。ある人は毎日、血判書を送ってきたそうですが、国民の要望書とはGHQを糾弾するものではなく、「皇室は私たちの宝だから残して欲しい」というお願いだったのです。

イタリアでは国民投票の圧倒的賛成によって王政を打倒しましたが、日本で実際に世論調査をしてみたら、九割以上の国民が皇室を支持していることが分かりました。国民が天皇を守ろうとしているという点と、自分はどうなってもよいから国民を助けて欲しいという昭和天皇のお言葉の両方を見た時に、天皇と国民との関係性は親子のようなものだということが、マッカーサー元帥には分かったのです。

そもそも、なぜ日本人がこれほど勇敢に戦うのか、アメリカ人には理解できませんでした。硫黄島の戦いをはじめ各地の戦線では、一般兵卒まで「最後まで戦う」という姿勢を崩さず、組織的に投降した事例は一例もありませんでした。なぜ、あそこまで勇敢に戦えるのか分からなかった。

また彼らは、特攻隊がなぜ成立するのかも分からなかった。米軍は、自分たちも特攻攻撃をしようと、これを研究した形跡があるんですが、全米で募集しても一人も応募する者はいない、というのがその研究の結論でした。ですから、日本が一体どのようにしているのか理解できなかったのです。

マッカーサー元帥は、昭和天皇に拝謁してようやく、天皇と国民との関係性を理解しました。「天皇を起訴すれば、紛れもなく日本国民に凄まじい動乱を引き起こすことになるだろう。幾代にもわたる復讐のための復讐が引き起こされ、その悪循環は何世紀にもわたって途切れることなく続く」というのは極めて強い表現です。元帥はそれほど「皇室は残さなければならない」と強く確信したことが分かります。

そのことが、日本国憲法の草案を作る時に「マッカーサー三原則」の最初の一つとして、「天皇を残せ、残すなら世襲で残せ」ということを言わしめたのです。

天皇がいたからうまくいった占領政策

門田　マッカーサーの決断と、本国への電報、それからあれだけ「ヒロヒトを殺せ」というアメリカ世論があってもこれを覆して存続させたというのは、まさに二〇〇〇年にわたる天皇と国民との関係がもたらしたものでした。だから、あの京都御所も一跨ぎできるような堀の向こうに天皇陛下がいらっしゃったわけです。日本には権力者や独裁者が天皇の地位になり替わろうとしない歴史があります。天皇に危害を加えるような人間は基本的にいないのです。

またアメリカ国民も、天皇陛下が訪米した際、感謝を述べられたことに、とても感動するわけです。こうした意味ですべてが連綿とつながっている。日本とアメリカというかつての敵対国同士が、いまやなぜこれだけ親密な同盟国になったのか、そこにはこうした所以があるのだ、と。

それを、今の若者や将来の日本人、これから生まれてくる人たちに伝えていかなければなりません。しかし、実際には、このような話が教科書に出ていない。教科書では歴史上、誤ったこともいろいろと教えています。戦後教育を受けた人たちが、それらをもう一度チェックして、「ここは、こうでなければいけない」と改訂意見を付けて、現在の教科書は作られている。実際の日本人の歴史ではなく、日本に嫌悪感を抱かせるために作っているのか、と思ってしまうような教科書をもとに、今の教育が行われているわけです。

日本人が国際社会でなぜ尊敬されているのか、なぜマナーが良いのか、街にゴミが落ちてないのか、どうして人を助けるのか、落とした財布がなぜ戻ってくるのか。災害などがあっても日本人は黙って列に並んでルールを守り、暴動も起こらない。それはなぜなのか……そういうことを全部説明できるのが、片や国民の幸せを祈り、片やそれを尊重してきた天皇と国民の関係性です。何度も言っているように、互いを信頼し、伝統と秩序を重んじ、国民みんなで天皇を守ってきた歴史が日本にはあります。そういう秩序ある日本人が街をゴミだらけにしたり、災害の時に暴動を起こしたりしますか。しませんよね。なぜ国際社会で尊重される今の日本人が形成されたのか。それはこれまで話してきたような「歴史」があるからです。そのことを、将来、日本を背負っていく人たちにぜひ教えてほしいのです。

なぜこれが必要かというと、こういう歴史を学ぶことによって日本人の良さが継続されるからです。しかし、その歴史も教えずに、日本人はただグローバル化すればいいという教育をしているところがあまりに多いのです。

左翼の人も、エリートたちも、ひたすらグローバル化を唱えます。もちろん男女平等も真の意味で実現しなければいけないし、ジェンダーやＬＧＢＴの問題についても、解決しなければならないことがあるのは当然です。しかし、日本人にはもともと平等、人権、自由、民主という価値を重んじる根源的なものが、ずっと昔からあったのです。天皇が民の幸せを祈り続けてきた国ですからね。聖徳太子はそれを十七条憲法で文章としても表わしています。

〈和《やわらぎ》を以て貴しと為し、忤《さか》ふること無きを宗とせよ。人皆党《たむら》有り、また達《さと》れる者は少なし。或いは君《くん》父《ぷ》に順《したがわ》ず、乍《また》隣《りん》里《り》に違う。然れども、上《かみ》和《やわら》ぎ下《しも》睦《むつ》びて、事を論《あげつら》うに諧《かな》うときは、すなわち事理おのずから通ず。何事か成らざらん〉

だから、これらは別に西洋から戦後、教えられたものではありません。そのことを、日本人にきちんと教えなければいけないと思うのです。

竹田　イラク戦争で米軍がイラクを制圧した後、自衛隊もイラクに派遣されて国の再建を手伝いました。当時の現地の自衛隊の責任者に話を聞いたことがあるのですが、米軍の高官が「我々にアドバイスしてほしい」と言うので聞いたところ、「日本を占領した時はあんなに上手くいったのに、なぜイラクを占領した時はこんなに上手くいかないのか。その違いは何なのか、秘訣はあるのか」と。これに対して自衛隊の高官は「申し訳ないが、それは天皇がいるかいないかの違いでしょう」と答えたそうです。そうしたら米軍の高官は妙に納得していたそうです。

門田　民は大御宝《おほみたから》ですから。外国の人にはそれが理解できないんですよ。けれど、マッカーサーは分かったんです。天皇は国民の幸せを祈ることを通じて国を治め、人心を統合する役割を果たしてきた、それが天皇の統治であると。

歴代天皇が体現された「知らす」という統治

竹田　上皇陛下は、天皇は祈る存在であることを自らお言葉になさいました。この「祈る存在」ということは大変重要なことだと思うのです。

私が注目したいのは、天照大御神の神勅です。『古事記』『日本書紀』では、天孫降臨に際し、邇邇芸命《ににぎのみこと》に対して「民の幸せを祈れ」という神勅は下りていないんですね。その曾孫が神武天皇ですから、天照大御神の神勅が天皇の統治権の根本になりますが、そこに「民の幸せを祈れ」という言葉はありません。ということは、天皇が国民の幸せを祈ることは、誰からも命ぜられていないことになります。

要するに、天皇の祈りは自発的なものだということなのです。では、天照大御神が邇邇芸命にどのような言葉を与えたかといえば、「知らせ」という言葉でした。「あなたは地上に降り、国を知らせ」という神勅を受けたのです。「知らせ」とは「知る」の丁寧形かつ命令形です。「お知りになりなさい」というような意味になります。

天皇の統治は「知らす」という統治で、これは、ヨーロッパや支那の、ひたすら人民を殺戮して支配する統治とは全く趣が違います。

日本における統治は、天皇が国の事情や、一人ひとりの国民の事情を「知る」ということなのです。まさに先ほど門田さんが指摘した、上皇陛下のお言葉の二番目に当たります。国民に寄り添うこと、そして、国民の気持ちに意識を向けていくことですね。

これは「知る」ということであり、先ほどの上皇陛下のお言葉の一番目の「祈る」ことと、二番目の「寄り添う」ことは違った概念ではなく、一体を成すことなのです。「知る」と祈りたくなります。「知る」からこそ興味を持ち、その後のことに興味が湧くわけです。「知る」と祈りたくなり、また祈ると知りたくなる。つまり「祈る」ことと「知る」ことには相互に循環作用があると言えます。

ですから、天皇皇后両陛下、上皇上皇后両陛下が各地においでになり、どのような場所でどのような人たちがどのような思いでいるのか、どこに苦しみや悲しみがあるのか、それを「知り尽くす」ことによって、祈りに反映なさるのです。

これは宮中の奥向きから漏れ伝わってきた話ですけれども、東日本大震災の後に、上皇陛下がいろいろとご下問をなさったそうです。各避難所の物資状況など、かなり細かい具体的なことまでお尋ねになったそうです。端から見ると「そんなことまでお知りになって何をなさるおつもりですか」と思ってしまうほどだったそうですが、私に言わせれば、それは当然なのです。

単に「困っている人たちがいるようですから、何とかお願いします」と祈るよりも、具体的な状況を踏まえて祈ることが肝要なのです。

天皇陛下の祈りの内容は公開されませんが、そこまで困っている人たちの実情を詳しくお知りになろうとなさるのは、苦しんでいる人々を救いたいという強いお気持ちの表れではないでしょうか。そして「あの避難所の人たちはどうなっただろうか」と被災者の人たちの近況に、いつも意識を向けていらっしゃるのです。

今年（令和三年）の天皇陛下のお誕生日の時も、震災から一〇年経ったことに言及なさり、「被災地の方々の言葉に耳を傾け、被災された方々の力に少しでもなれるよう、被災地に永く心を寄せていきたい」と改めて仰せになりました。

ですから、この「知らす」という統治では、国民のことを我が子のように愛し、国民のことを知ろうとなさるのが本物の祈りにつながっているのです。

私が運命的だと思ったのは、このお誕生日の冒頭での天皇陛下のお言葉です。

「日本の歴史の中では、天変地異や疫病の蔓延《まんえん》など困難な時期が幾度もありました。これまでの歴代天皇のご事蹟をたどれば、天変地異などが続く不安定な世を鎮めたいとの思いを込めて奈良の大仏を作られた聖武天皇、疫病の収束を願って般若心経《はんにゃしんぎょう》を書写された平安時代の嵯峨天皇に始まり、戦国時代の後奈良天皇、正親町天皇など歴代の天皇はその時代にあって、国民に寄り添うべく、思いを受け継ぎ、自らができることを成すよう努めてこられました。その精神は現代にも通じるものがあると思います。皇室の在り方や活動の基本は、国民の幸せを常に願って、国民と苦楽を共にすることだと思います。そして、時代の移り変わりや社会の変化に応じて、状況に対応した務めを考え、行動していくことが大切であり、その時代の皇室の役割であると考えております」

実は、疫病に際しての歴代天皇の祈りについては、ほぼ同じ内容のことを、皇太子時代、平成二九年のお誕生日の記者会見でも仰っていたのです。

「昨年の八月、私は、愛知県西尾市の岩瀬文庫を訪れた折に、戦国時代の一六世紀中頃のことですが、洪水など天候不順による飢饉や疫病の流行に心を痛められた後奈良天皇が、苦しむ人々のために、諸国の神社や寺に奉納するために自ら写経された宸翰《しんかん》般若心経のうちの一巻を拝見する機会に恵まれました。紺色の紙に金泥で書かれた後奈良天皇の般若心経は岩瀬文庫以外にも幾つか残っていますが、そのうちの一つの奥書には『私は民の父母として、徳を行き渡らせることができず、心を痛めている』旨の天皇の思いが記されておりました。災害や疫病の流行に対して、般若心経を写経して奉納された例は、平安時代に疫病の大流行があった折の嵯峨天皇を始め、鎌倉時代の後嵯峨天皇、伏見天皇、南北朝時代の北朝の後光厳天皇、室町時代の後花園天皇、後土御門天皇、後柏原天皇、そして、今お話しした後奈良天皇などが挙げられます。私自身、こうした先人のなさりようを心にとどめ、国民を思い、国民のために祈ると共に、両陛下がまさになさっておられるように、国民に常に寄り添い、人々と共に喜び、共に悲しむ、ということを続けていきたいと思います」

後奈良天皇の所縁ある場所をお訪ねになって、宸筆をご覧になり、改めて困窮した時代にいかに天皇が民の幸せをお祈りになったか、困った時に自分のことではなく民のことをひたすら祈り続けた天皇のお名前を列挙なさっています。今コロナ禍にあって、あの時と同じような主旨のことを仰ったことに、運命的なものを感じますね。

天皇と国民の紐帯《ちゅうたい》を示す「大御宝」

門田　それは運命的でもありますし、自分の存在はずっとそういうものである、天皇とはそういうものであるということが、脈々と受け継がれていることを示すものではないかと思うのです。これは現在に至っても変わることがないわけです。それこそが天皇という存在ですからね。脈々と受け継がれてきているから、マッカーサーに対しても、当然、お心の思いが出るわけですね。

自分の全存在が国民のためにあるのだから、「責任はすべて私にある。私の一身はどうなろうと構わない。私はあなたにお委ねする」と仰った。天皇陛下からすれば、当たり前のことを仰っただけなのですが、「天皇はとにかく命乞いに来るだろう」と思い込んでいたマッカーサーにとってはそれがすごく衝撃だったことが分かります。天皇陛下は民の幸せを祈り、国民のほうも天皇を尊重し、敬う。それが皇統だということです。

竹田　まさに、マッカーサー元帥に昭和天皇が仰ったお言葉は、大御心といえます。私は小学生ぐらいの時に祖父からその話を聞いて、天皇陛下（昭和天皇）は素晴らしい人格者だと思ったことを覚えています。その後、大学に進んで社会人になり、先ほど天皇陛下のご会見の冒頭にあったような、困窮した時代に民の幸せを祈り続けた歴代天皇の話を知ってから、考え方が変わりました。

あの昭和天皇が発せられたお言葉は、個人的なご性格のみからのものではなく、皇統の意思なのだと。これまで一二六代のどの天皇があの立場にお立ちになっても、おそらく同じことを仰ったはずだという理解に変わりました。まさにそれが大御心です。初代から天皇としての基本的なものの考え方として、継承してきた証ではないかなと思います。

少し説明しますと、大御宝とは、天皇からご覧になった時に、民こそが一番の宝物であるという意味を込めて言う言葉です。これを法律用語に置き換えたのが臣民です。大日本帝国憲法が作られた時に臣民という言葉ができました。赤子《せきし》も天皇の子供を指す言葉ですが、法律用語としては大御宝も赤子もしっくりこないということで、明治時代に「臣たる民」という意味を込めて臣民という言葉が作られたようです。大御宝や赤子を法律用語として言い換えたのが、臣民だったということになります。

今ですと、臣民は天皇の所有物であり、国民のほうが地位が高いかのように誤解されていますが、国民というのは国家の統治権に服する、いわば支配される民のことであって、そこには天皇との温かい関係性はないわけです。

戦後、臣民は国家の所有物だったから「一億玉砕」などといって多くの人が無駄死にしたとの文脈から、臣民という言葉を良くない印象で語る人がいます。しかし、むしろ国民よりも臣民のほうがずっと温かみのある言葉なのです。

同様に「帝国憲法時代は、国民にとって暗黒の時代だったが、今は主権者となり良い時代になった」などと、主権者たる国民は素晴らしいことであるかのように強調されました。臣民という意味が誤解されるのは、臣民という言葉を悪印象で述べてきた結果ではないでしょうか。大御宝もそのような変な意味合いを持って、否定されたのかもしれません。しかし本来、大御宝は百姓もしくは民と書いて、それを「おほみたから」と歴代の天皇はお読みになったのです。そこが美しいところだと思います。

門田　私は、この言葉の言い換えは成功したとは言えないと思ってしまいます。臣民ではやっぱり大御宝のイメージが出てきません。民は国の宝である、としておけばよかったと思います。大日本帝国憲法のほうでも。

天皇の大御心とは、民こそが常に大御宝であると思っておられることです。今上陛下も同じであって、子供の時から天皇とはそういう存在であるということを教えられ、血肉としてずっと受け継いで来られたのです。

自分の身を委ねても国民を救おうとした大御宝の幸せを祈る天皇と、それを尊く思い、維持してきた日本国民との関係性の素晴らしさこそ、我々は後世に教え伝えていかなければならないと思いますね。

第八章 天皇の大御心とは何か

問題提起 「三皇族派遣」という終戦秘話

門田隆将

昭和天皇が最後に頼った身内たち

皇族が日本の降伏を知ったのは、昭和二〇年八月一二日のことでした。在京の皇族男子全員が宮中に呼ばれ、昭和天皇からポツダム宣言を受諾する趣旨のお話がありました。そして玉音放送の翌日一六日、昭和天皇は、今度は四宮家の男子皇族を呼び出されます。朝《あさ》香宮鳩彦《かのみややすひこ》王、東《ひがし》久《く》邇宮稔彦《にのみやなるひこ》王、竹田宮恒徳《たけだのみやつねよし》王、閑院宮春仁《かんいんのみやはるひと》王でした。

昭和天皇は緊張した面持ちで次のように言われたといいます。

「終戦をつつがなく行うために、一番心配なのは現に敵と向かい合っている我が第一線の軍隊が本当にここで戈を収めてくれるという事だ。蓋《けだ》し現に敵と相対している者が武器を捨てて戦いを止めるという事は本当に難しいことだと思う。ここで軽挙盲動されたら終戦は水の泡となる。自分が自ら第一線を廻って自分の気持ちをよく将兵に伝えたいが、それは不可能だ。ご苦労だが君たちが夫々手分けして第一線に行って自分に代わって自分の心中をよく第一線の将兵に伝え、終戦を徹底させてほしい。急ぐ事だから飛行機の準備は既に命じてある。ご苦労だがあした早朝発ってくれ」（竹田恒徳「終戦秘話」『偕行』一九八六年一月号、偕行社）

そして朝香宮は支那派遣軍総司令部のある南京へ、竹田宮は関東軍（新京）と朝鮮軍（京城）へ、そして閑院宮は仏印の南方総軍へ派遣が決まりました。東久邇宮に対しては、直接に大命降下があり、内閣総理大臣を仰せつかったのです。

やはり昭和天皇にとって最後に頼るのは自分の身内だったというのが分かります。支那戦線では勝ちっ放しなのに、「今から武装解除しろ」というんですからね。そんな奇跡的なことがやれるのは皇族だけだという昭和天皇のご判断でした。

当時、在京の青年皇族男子は今言った四人しかいません。昭和天皇は、その全員を「使った」ことになります。竹田宮は七月まで関東軍参謀として満洲国の首都である新京に赴任していました。このため、ソ連軍と中国軍の進攻が目前に迫っていることを知っており、現地の混乱ぶりが容易に想像できました。それだけに「これは大変な役目だ」と覚悟し、帰宅してすぐに身辺整理をしたそうです。

このあたりは竹田さんの著書『語られなかった皇族たちの真実』や『天皇の国史』で詳しく書かれていますが、竹田宮は八月一七日に東京・立川から専用機で飛び立って新京へ向かい、関東軍司令部二階の広い総司令官室に集まった関東軍総司令官、山田乙三大将以下幕僚等に対して、昭和天皇のご決意とお言葉をできるだけ詳しく伝達しました。その場には竹田宮の幼年学校の二級下の後輩で、竹田宮の後任として着任したばかりの瀬島龍三参謀の姿もあった。山田大将は「謹んで聖旨に沿い奉ります」と答え、誰もが目頭に熱いものを浮かべていたと記されています。

命懸けだった任務

竹田宮はその後、山田大将の官邸に宿泊して、翌日の朝に、奉天（現在の瀋陽）に向かい、第三方面軍司令部で昨日と同様に聖旨を伝達します。そして、その日のうちに京城（現在のソウル）に行って、朝鮮軍司令部にも同じ聖旨を伝達して、天皇の特使としての任務を終了しました。その時の奉天は京城より格段に危険な状況にあり、間もなくソ連軍に占拠されることは明白な状態でした。

その竹田宮が、すんでのところでソ連に抑留されるところだったという秘話がありま す。陸士四五期の陸軍参謀である朝枝繁春中佐が、「私が竹田宮だ」と名乗ってソ連の司令官を訪れ、シベリアに抑留されてしまうのです。朝枝氏については『参謀本部の暴れ者——陸軍参謀朝枝繁春』（三根生久大著・文藝春秋）で紹介されていますが、実際に「暴れん坊」という異名をとるような、破天荒な人物でした。そこからの記述を引いてみます。

「（満州航空株式会社の）機は十八日の午後、羽田を発って、途中、大刀洗と朝鮮の金浦に寄り、満州の新京に飛ぶというスケジュールである。

無法松（朝枝繁春）は参謀総長の特命を受けた『軍使』ということになっていた。ソ連が侵攻してきたら、在留邦人の引き揚げは不可能になるから、その引き揚げについては今から考えておかねばならないと、二年も前からカネやタイコを叩いて警告していたにも拘らず、誰もこれに耳を貸そうとしないことに業を煮やした無法松は仕方なく一計を案じた。自ら『貴官は軍使として満州・朝鮮・シナに出張し、所在の軍および在留邦人の速かなる引き揚げ竝びに復員を現地に於て善処すべし』というまことしやかな文言の参謀総長訓令をでっち上げ、参謀総長、参謀次長、作戦部長、作戦課長の承認印を取り付けた。承認印を取り付けて証拠物件として残しておかないと、後で国際法上の問題が起こった時などに無法松自らが保護されない惧《おそ》れがあったからだった」

その後、一九日に新京に着いた朝枝は、自動小銃を持った四、五〇のソ連兵に取り囲まれますが、「よく聞け！　おれは軍使だ。いまから関東軍司令部に行かなくてはならぬ。車を用意せい。命令だ！」と怒鳴りつけて、慇懃《いんぎん》な態度でフォードに乗車するように促し、ソ連軍が接収した関東軍司令部に乗りつけます。そこで占拠しているソ連軍総帥のガバリョフ大将に大本営からの軍使であることを証明する参謀総長の公文書を見せるのです。

九月五日朝、関東軍総司令官だった山田乙三大将は、ガバリョフ大将から突然、通告を受けます。ソ連極東軍総司令官ワシレフスキー元帥からの命令だとして、ガバリョフ大将の宿舎である元満洲国総理官邸で重要な会議を開くので、指名を受けた者は直ちに参集せよという内容でした。そこに指名された者は秦彦三郎総参謀長をはじめとする日本陸海軍の将官と、佐官としては長谷川関東軍報道班長、作戦主任の瀬島中佐、そして朝枝氏でした。

これはソ連の罠でした。それから集まった全員がシベリア送りになるわけです。

私は九〇年代の初め『週刊新潮』デスクとして、ソ連がなぜあんなに早く原子爆弾を開発できたのかと探る取材のためにソ連に出張しました。余談になりますが、そこで解体されたＫＧＢ（ソ連国家保安委員会）の残した資料から関東軍から東京の参謀本部に瀬島が打った電報を発見しました。そこには「長崎に落ちたる不発原子爆弾を在京ソ連大使館に搬入し、置かれたし」と書かれており、電文の送り主の名前は「瀬島」と書かれていました。そこで「瀬島龍三＝ソ連のスパイ」説は本当だったのかと驚き、さらに取材を進める中で、朝枝氏の役割を知ったのです。

朝枝氏は八月一八日、羽田で満洲航空機に乗る時に、長崎に落ちたとされる〝不発原子爆弾〟を目撃したというのです。長崎から厳重に梱包《こんぽう》されて運ばれてきた大きな爆弾に表示があって「不発原子爆弾」と書かれていたそうです。これは、実際には不発原子爆弾ではなく巨大なラジオゾンデ（気象観測機器）だったのかもしれませんが、朝枝氏には、そこまでは分かりません。朝枝氏は九〇年代初めはまだ存命で、このことを取材させてもらいました。

聞いてみると、原子爆弾の電報を打ったのは「瀬島」ではなく、朝枝氏本人だったそうです。自分は東京の参謀本部の人間で権限がないから、勝手に関東軍参謀本部の瀬島の名前を使って電報を打ったと証言しました。朝枝氏は、第二次大戦が終わってから米国だけの力が強まるのではなく、ソ連も早く原爆を開発して米国だけの「一強時代は避けたい」という思いで、ソ連に原爆を渡そうとしたそうです。

要するに朝枝氏とはこのような破天荒な人間で、もしもの時は竹田宮の身代わりになるつもりで満洲に行ったとご本人は語っていました。

なぜこうした話をしたのかというと、竹田宮がソ連に拉致されるような危ないところに出向いてまで、天皇陛下のご聖断を伝えたことを知ってほしいのです。「竹田宮が捕まったが、実は別の男（朝枝氏）だった」という話はソ連側の資料から出てきたので興味深かったですね。

「大御心」を理解した根本博・陸軍中将

竹田　昭和天皇の御聖断については、教科書に書いていなくても知っている人は多いでしょう。しかし三皇族の派遣についてはほとんど、知られていません。八月二〇日には、竹田宮のほかに南方軍に出かけた閑院宮春仁王、支那派遣軍に出かけた朝香宮鳩彦王も無事、任務を終えて帰還します。これについては当時、新聞が一面トップで「三殿下、（中略）各陸海軍最高指揮官に対し夫々聖旨及停戦に関する大命を伝達せしめられたり」（『朝日新聞』昭和二〇年八月二三日付）と報じました。

門田　天皇による終戦の詔勅、すなわち玉音放送は何かというと、これは戦闘停止命令です。武装解除ですね。しかし、ここで問題になるのは、軍人の本義とは何かということです。軍人の本義は「上官の命令に従う」ことですから、日本軍は天皇陛下の武装解除命令には従わなければなりません。しかし、駐蒙軍司令官の根本博・陸軍中将は武装解除をしませんでした。根本中将は、軍人の本義とは、「国民の命を守ることだ」と考えていました。軍はそのために存在する、と。天皇陛下もこれを第一番に考えておられていることを根本中将は知っていました。だから、大御心は民の命を守ることであるはずだ、ゆえに本義は武装解除にあるのではなく、国民の命を守るための「最善の策」にあるのだと考えました。

それぞれの地で、それぞれの事情がありますからね。対峙《たいじ》している敵方がどんな軍なのか、ということです。そこで根本中将は本義を守る戦いを終戦後も継続したのです。満洲の山田乙三関東軍総司令官が武装解除した結果、多くの在留邦人は大変悲惨な目に遭います。私は山田乙三の判断を批判するわけではありませんが、やはり二〇〇〇年にわたる天皇の大御心とは何かということが分かる人と、そうではない人とに分かれます。

山田司令官の位は大将、根本博は中将ですから、その差は大きいです。しかし、根本中将が武装解除を拒否した判断が、内蒙古にいた四万人の邦人を、極端な話、一人も死なせずに帰還させることになります。関東軍は八月一六日、幕僚会議を開いて、天皇陛下の大御心に沿って、戦闘行動の停止を決定。だが根本中将は「たとえ戦犯になっても、在留邦人の命を守るために、ソ連軍や八路軍の侵入は敢然と阻止する」と、武装解除を拒否するのです。

そして部下将兵に「全軍は、別命があるまで、依然その任務を続行すべし。もし、命令によらず勝手に任務を放棄したり、守備地を離れたり、あるいは武装解除の要求を承諾したものは、軍律によって厳重に処断する」と厳命し、邦人の命を守り抜くのです。

私はこの話を『この命、義に捧ぐ』（角川文庫）の中で詳しく書きましたが、ポツダム宣言を受諾して本国から「武装解除命令」が出ているにもかかわらず、これを拒否して戦闘を行うのは、戦勝国側からすれば、それだけで戦争犯罪に当たります。しかし、根本中将が絶対に武装解除をしないと決意したのは、ソ連の本質を見抜いていたからにほかなりません。

すなわち、ソ連に対して武装解除すれば、婦女暴行や処刑、殺害など邦人にどんな運命が待っているか分からない。話の通じる相手ではないことを根本中将は熟知していた。実際に満洲の居留民たちが遭った悲劇は筆舌に尽くし難い。将兵も捕虜となってシベリアに送られ、多くの人が非業の死を遂げました。根本中将は、内蒙にいる四万人の邦人の命は絶対に守り抜くと決意していますから、迷いはないわけです。八月九日から始まったソ連との戦争で総崩れとなった関東軍と、満洲全域で行われているソ連の蛮行は、徐々に根本中将の耳にも届いていました。

根本中将の率いる駐蒙軍の士気は高く、ソ連軍も抵抗を受けて陣地が突破できずにいました。そこでソ連は八月一七日にビラを大量に散布します。

「日本はすでに無条件降伏している。関東軍もまた日本天皇の命令に服従して降伏した。だが、張家口方面の日本指揮官だけが天皇の命令に服従せず、戦闘を続けているのは、まことに不思議である。直ちに降伏せよ。降伏しないならば、指揮官は戦争犯罪人として死刑に処する」

一方で、根本中将は内部でも、南京にある支那派遣軍総司令部との間で激しいやりとりを行っています。岡村寧次総司令官はこんな武装解除命令を発しています。

「詔勅を体《てい》し　大命を奉じ　真に堪え難きを堪え　忍び難きを忍ぶの秋《とき》たるを以て　本職は大命に基き　血涙を呑んで　総作命第十二号の如く　有ゆる手段を講じ　速やかに我より　戦闘を停止し　局地停戦交渉　及武器引渡等を　実施すべきを厳命す」

厳しい武器引き渡し命令です。これに対する根本中将の返電も実に激しい。

「日本人の生命財産を　保護すべきも　若し延安軍　又は外蒙「ソ」軍等に　渡すならば其の約束は　守る能はずと申しあり」

根本中将は内蒙にいた居留邦人を張家口へ集結させ、列車で移送するように命じますが、その様子は凄まじいものでした。いきなり「張家口駅に集合」という号令がかかって、皆食事の茶碗なども洗わずにそのままにして駅に駆けつけるわけです。すると、いきなり屋根のない〝無蓋《むがい》列車〟にどんどん入れられていくわけです。荷物もないし、思い出の写真も何もない、着のみ着のままで来てみたら、そのまま「列車に乗れ」と言われ、片っ端から放り込まれていったのです。

ある女性はこう話していました。

「私は妊娠していましたので、赤ちゃんが生まれた時にそなえて産着とおしめになるようなものだけを詰めて駅前に行きました。張家口駅は駅前が広くなっているんですが、集められた日本人たちでごった返していました。そして次々に列車に乗り込まされたのです。私が乗せられたのは貨物用の無蓋車でした。その貨車の中に自分が座る場所だけを確保して座りましたが、ぎっしりでした。貨車が止まっている時に貨車の下に潜り込んで用を足したりするのですが、気が気ではありませんでした」

こうして一五、一六、一七、一八、一九、二〇日と、ほぼ一週間かけて全員が脱出するわけですが、二〇日の最後の列車が張家口から出る時、戦闘を継続しながらそれを見送った兵は本当にほっとしたでしょうね。自分たちの使命を果たしたわけですからね。

駐蒙軍の兵士たちはその後、撤退命令を受け、歩いて北京に向かうわけです。しかし、追ってくる敵との戦闘は続きます。とうとう無線がやられて、部隊間も、北京の北支那方面軍との間も、連絡が取れなくなりました。この時、根本は張家口の町はずれにある空港から北京に飛んでいました。阿南惟幾《これちか》陸相が八月一五日に腹を切って亡くなったため、陸軍大臣のポストが空白になります。後任に指名されたのが北支那方面軍の下村定《さだむ》・司令官だったんです。当然、北支那方面軍司令官のポストが空きます。根本はここで駐蒙軍の司令官との「兼務」を命じられたのです。

北支那方面軍司令官の引き継ぎのため飛んできて新しい職務に忙殺される根本は、退却戦の間に連絡が途絶えてしまった駐蒙軍が気になって仕方ない。ひょっとしたらすでに全滅しているかもしれないと思った根本は、一緒に北京に来た駐蒙軍参謀長の松永留雄少将に駐蒙軍の調査を命じます。万里の長城のある八達嶺まで調査に行った松永少将は、白い馬に乗ってこっちに向かってくる一人の駐蒙軍将校を発見しました。

全滅したと思っていますから、松永は駆け寄ります。

しかし、「おい！」と松永が呼びかけても返事がありません。

「ほかの兵たちはどうなった？　生きているのか、死んでいるのか！」

しかし、将校は馬に乗ったまま、朦朧《もうろう》としていて、全く答えられない。完全に意識が混濁していたのです。

「ああ、これはもう全滅したんだ」

そう思って絶望した松永は、やがて豆粒みたいな人影を発見します。その数が次第に増えていく。松永は息を呑みます。駐蒙軍でした。

この時の様子を松永は『松永留雄少将回想録』にこう記しています。

「先行し来れる乗馬将校に、路上にて遭遇し　之に後衛《こうえい》の状況を尋ねたるが　返答無く要領を得ず　長期の滞陣に引続く退却の為　該将校は心身共に　朦朧状態にありたるなり」

「暫くの後、後衛整斉《せいせい》たる縦隊を以て帰着す　士気旺盛なるも　長き頭髪と髯《ひげ》とは　無言に長期の労苦を示す　小官感極まり　落涙あるのみにして、慰謝の辞　述ぶる能わず」

私は生き残りの老兵にこの時のことを取材しています。在留邦人四万人の命を守り抜いた兵たちが、無線連絡もできなくなるほどの激闘ののち、ボロボロになり、負傷兵は戸板に乗せられて運ばれてきたのに、八達嶺を前にして、全員もう一度、服装を整えて、負傷兵の肩を両方から担いで、「ザッ、ザッ、ザッ、ザッ」と入場したと言っていました。

松永少将は、このありさまを見て、ただ涙が流れて感謝の言葉を発することができなかった、と書いてあります。その時の気持ちを思うと、本当に胸が熱くなります。

天皇の大御心はどこにあるのか。陛下の命令に従うこと、上官の命令に従うことが軍の本義ではあるけれども、では、軍は何のために存在するのか。それは国民の命を守るためである。これこそ大御心であることが、根本中将は分かっていたんです。

天皇陛下が武装解除を身内の宮家に命じる話は先に延べましたが、非常に危険な場所に青年皇族を直接、派遣されたのは、やはり皇族が来たら、皆、従うだろうと思ったからです。しかし、根本中将は天皇の本当の大御心はどこにあるのかを考えて、武装解除を拒否した。

こうした終戦の時の天皇陛下の行動、マッカーサーと天皇陛下との会見、さらに天皇の真意を量《はか》って敢然と邦人の命を守った軍人――こうした出来事を経て日本の戦後が始まったことを教科書でもぜひ教えなければいけないと思いますね。

国体を守った木戸幸一内大臣

竹田　日本人は正しい日本の歴史を知ることが大切です。特に近現代史などは、学校でもほとんど触れられず、幕末ぐらいまでやって、時間切れで授業が終わってしまうというのは、よく聞く話です。というより、触れたくない、教えたくないという感じなのでしょう。教師にとっては、生徒から親に伝わり、苦情が来るのが怖いのかもしれません。

なお、大東亜戦争と皇族に関しては、東久邇宮稔彦王の首班《しゅはん》をめぐる話も見落とせません。東久邇宮稔彦王は昭和二〇年に五〇日強、総理大臣を務めましたが、現職の皇族が総理を務めるのは後にも先にもあの時だけでした。年齢がある程度上で、陸軍に睨みを利かせられる、という理由から東久邇宮が選ばれたようですが、その決定は非常に鮮やかでした。

戦後の混乱期の中で、軍の統制ができるのは東久邇宮しかいないという昭和天皇の思召を木戸幸一内大臣が東久邇宮王に伝えましたが、それは陛下の思召だけではなく、木戸自身の強い思いでもありました。

東久邇宮は最初「真っ平ご免です」ときっぱりと断りましたが、木戸の説得を受け、大命を受諾します。「この未曽有の危機を突破するため、死力を尽くすことは日本国民の一人として、またつねに待遇を受けてきた皇族として、最高の責任である」と決断したのでした。

実は東久邇宮は昭和一六年、東條英機が首相になる時にも、当初は東久邇宮が内定していました。しかし、一人だけ反対した人物がいました。それが木戸でした。木戸は内大臣でしたが、天皇を輔弼《ほひつ》すると共に、元老や重臣らと非常時の首班の人選に関与する役割を担っていました。

ちょうどこの時は開戦の危機が迫っており、近衛文麿首相はフランクリン・ルーズベルトとの会談を模索しましたが、アメリカはこれを拒絶しました。開戦を避けるためには、日本軍が支那から撤兵するしかないと考えた近衛は、東條に撤兵を提案します。しかし東條に「歴史に汚点を残す」と拒否され、総辞職に追い込まれます。近衛が後継に推したのが東久邇宮でした。アメリカとの関係改善を進めるためには、和平派である東久邇宮が必要であるということで、この線で固まりそうになったのです。

しかし、木戸内大臣だけは、皇族が開戦の決定に関与し、もし戦争に失敗すれば、天皇の責任が免れなくなると懸念し、東條を推しました。あえて東條を推薦したのは、東條に和平交渉をさせることで、軍内部の強硬派を抑えることができると考えたからです。

この判断を私は適切だったと思います。もし東久邇宮が首相になっても、開戦は避けられなかったものと思います。その時に皇族首班であれば、東京裁判で絞首刑になったのは東條ではなく東久邇宮だったでしょう。そうなればＧＨＱは皇室を解体し、その後、天皇は存在しなかったかもしれません。

木戸は、皇統の存続に関してそこまでのことを考えて、意見したわけです。国体を護持するには何としても皇統が存続されねばならない。そう考えて、東條内閣が成立する前の段階から、日本が敗戦した時のことを考え、行動に移しました。

あの時代に木戸幸一のような人物が昭和天皇の側にいたというのは、とても幸いだったと思います。誰も気がつかないことに一人だけが気づいたのです。そのような力を持った人でした。

木戸は「私は戦争を食い止めるために東條を指名しました」と東京裁判で語っています。木戸はその後、東條内閣を成立させた張本人だということで、戦後は悪者扱いされます。しかし彼こそが本当に国体を守った男であり、今こそ木戸の思いを大切にしないといけないと思うのです。

第九章 天皇の祈りと祭祀

問題提起 三種の神器で結ばれた伝統

竹田恒泰

八咫鏡を祀る伊勢神宮

私は第七章で、天皇の統治を「知らす」統治であると述べました。天照大御神は孫の邇邇芸命の天孫降臨に際して、「この豊葦原瑞穂国《とよあしはらのみずほのくに》（葦原中国）は、汝が知らす国であると命ずる。よって、命令の通りに天下りなさい」と命じ、三種の神器をお授けになりました。その神器が八咫鏡《やたのかがみ》、天叢雲剣《あめのむらくものつるぎ》、八坂瓊曲玉《やさかにのまがたま》です。これを神器報賽《じんぎほうさい》の神勅といいます。特に鏡については「宝鏡」をご神体として授け、宮中に奉斎《ほうさい》するように命じました。

鏡というのはただの物質としての鏡ではなく、天照大御神の神霊が宿ったものです。その鏡をお祀りすることで、高天原の天照大御神と地上の天皇が祭祀を通してつながるわけです。

この鏡を祀っているのが伊勢の神宮です。伊勢の神宮は全神社の中央におわすとよく言われます。しかし、正確には伊勢の神宮の祭祀は、かつて宮中祭祀だったものです。

『古事記』には次のような逸話が収録されています。第一〇代崇神天皇の時に、疫病が流行りました。なぜ疫病が起きたのか占ったところ、三輪山の神が現れて「私を祀るのは、あなたの仕事ではない」と仰ったのです。三輪山の神は神武天皇の皇后の父親です。二代以降の天皇は三輪山の神の子孫ですから、崇神天皇もその子孫になります。

この時、三輪山の神は「大田田根子《おおたたねこ》という者に祀らせよ」と下命なさったそうです。そこで大田田根子を探したら、見つかり、その者は三輪山の神の男系の子孫だったことが分かりました。崇神天皇は女系の子孫です。そこで大田田根子を、平たく言うと大神神社の宮司に据えたら、祟りが収まったといいます。

崇神天皇は皇居で鏡をお祀りしていたのは間違いだったことにお気づきになり、鏡を理想的な場所で丁重にお祀りすべきだと思召されました。そして宮中から外に鏡を出したのです。

その時、形代《かたしろ》として神霊を分けたものを宮中に残しました。これにより、宮中祭祀と神宮祭祀が分離したのです。移された場所は笠縫邑《かさぬいのむら》といわれていますが、その場所は諸説があり判然としません。

その後、第一一代垂仁天皇の時に、天皇が第四皇女の倭比売命《やまとひめのみこと》に託し、鏡は伊勢に奉安されることになりました。なぜ伊勢だったかというと、それが奈良だと海の幸もないし、塩も手に入りにくい。そこで倭比売命がいろいろ訪ねて旅をしたところ、伊勢の五十鈴川のほとりに来た時に、その地がよいということになって、お宮を建てて祀ったのです。それが内宮の始まりです。

ですから内宮の祭祀は、かつて宮中で行われていた宮中祭祀だったのです。それが疫病によって一八〇〇年くらい前に分離し、片方は宮中で営まれ、もう片方は伊勢で営まれているのです。伊勢には天皇の皇女が赴いて、天皇に代わって伊勢での祭祀を行いました。これが斎王《さいおう》という形で南北朝まで続きます。現在は祭主《さいしゅ》という形で黒田清子様が継いでいらっしゃいます。

皇居では、天照大御神の神霊が宿る鏡は、宮中三殿の中央にある賢所《かしこどころ》に奉安されています。宮中の鏡は何回か火災に遭っていまして、損傷した時には修復されています。特に江戸時代には複数回、火事で焼けました。その焼け跡から鏡が三体出てきたので、初めて鏡が三枚で一組だったことが分かったのです。

その後の火事では、火力が強かったためか、焼け跡から粒が回収されただけで、鏡そのものは滅失してしまいました。粒だけが残っていたので、別に新しい鏡を作りました。焼け焦げた粒を一緒にした鏡が現在のご神体になっています。このように、焼け焦げて粒になってしまったとはいえ、崇神天皇の時に鋳造した鏡がそのまま、今も宮中でお祀りされているということなのです。

昭和天皇の祭祀を受け継ぐ上皇陛下の努力

宮中三殿では日々、祭祀が行われています。大祭、中祭、小祭などいろいろあります。大祭にあたっては天皇陛下が潔斎《けっさい》（神事の前に飲食を慎み、汚れや穢《けが》れをはらい、心身を清らかにすること）をなさって、黄櫨染御袍《こうろぜんのごほう》をお召しになって、親祭《しんさい》（天皇自らが行う祭）なさいます。

大祭以外の時でも日々朝夕、欠かすことなく御所で御拝《ごはい》をなさいます。毎日の祭祀は「毎朝御代拝《まいちょうごだいはい》」といって、侍従が天皇に代わって宮中三殿で代拝しますが、天皇陛下も自らその時間に合わせて、宮中三殿に向かって御拝なさいます。

宮中三殿での祭祀は、ご即位などの大きな行事の際に、テレビなどで天皇陛下のお姿が報道されることがありますが、日々、御所で行われている御拝については報道されることはありません。

御拝は地方への行幸の時でもなさいます。これは上皇陛下について聞き及んだことですが、日程が過密なので御拝の省略を侍従が提案したところ、陛下は、時間的に可能なら自ら行うと仰せになり、常に積極的に祭祀に向き合っていらっしゃったそうです。そうしたご姿勢は在位中変わることがなかったといいます。

上皇陛下の祭祀の先生だった掌典《しょうてん》の鎌田純一氏が、こう書いています。

「私共にとって伊勢の神宮というと天照大御神、神様ですが、陛下にはご祖先なのです。第一のご祖先のお宮という念が非常にお強いことを、私は即位の礼、大嘗祭の後或いは式年遷宮の後、伊勢の神宮に御親謁になった陛下の本当にお喜びでいらっしゃるお姿によく拝見できた気がします。また、外国ご訪問のとき、天皇皇后両陛下、皇太子同妃両殿下の場合はご出発とご帰国のとき、必ず宮中三殿でお祭りがあり、伊勢の神宮、神武天皇陵、昭和天皇陵に御直拝あるいは御代拝なされます。他の皇族方の場合は賢所に御拝されてから行かれ、またご帰国の後すぐに御拝なさいます。そのことは極めて厳重です。

その厳重さはお祭りにおける御所作やご研究の態度にも現れています。私自身が実際にお仕えさせて頂いて、陛下は日本のどの神主よりも御所作が厳格ですし、そのお祭りの意義或いは沿革について詳しく研究された上でお臨みであると拝見させて頂きました。ご即位後、伊勢の神宮に行かれたときにも、御所作について念を押され、ご下問になる。その厳格さに私は思わず感嘆し、きっと天照大御神様およろこびでいらっしゃるなあと感じました」(『日本の息吹』平成八年二月号)。

上皇陛下がご即位になった時、御拝の作法の詳細につき、昭和天皇と少しでも違うことがあったら指摘せよ、と仰ったそうです。上皇陛下は、その指摘を受けて努力なさり、まるで昭和天皇の生き写しのように祭祀をなさるようになった、という話を聞いたことがあります。

そうした祭祀が受け継がれて、今に至るのです。三種の神器が継承され、祭祀によって大御心もしっかり継承されていく。この二つは、実は深く関連しているのです。

宮中祭祀の神髄

門田　日々の祭祀は次の世代、また次の世代へと受け継がれ、大御心もそれと共に継承されていく。その伝統が途絶えてはならないということですね。祭祀について天皇陛下は国民の幸せを祈るためになさっているわけですが、ご先祖さまに対してのご報告もされているのですか。

竹田　宮中三殿のうちの皇霊殿《こうれいでん》は、歴代天皇と皇族の御霊《みたま》が祀られています。いわば皇室の仏壇のような役割を担っているお社《やしろ》です。天皇陛下はこの皇霊殿で、先祖への報告をなさっていらっしゃいます。

今上陛下は三〇年間、皇太子として上皇陛下の側でずっと祭祀を見届けていらっしゃいました。宮中三殿に天皇陛下がお入りになる時は、内陣にまでお進みになりますから、皇太子殿下はその手前で御拝に陪席なさるのです。そこからは陛下のお姿はご覧になれないそうです。それでも、中から衣が擦れる音がかすかに聞こえるそうです。しかし、その衣擦れの音を繰り返し聞くことで、祭祀の様子を想像し、ご自分のものに昇華させるのだそうです。

現在はその立場に秋篠宮皇嗣殿下がいらっしゃるわけですが、同様にお兄さまである天皇陛下がなさる祭祀を想像しながら、一歩外で、衣の擦れる音を聞いていらっしゃいます。

天皇陛下の祭祀には、それをそばで仕える掌典職がいます。掌典には二種類あり、男性が奉職するのが掌典、女性が奉職するのが内掌典です。内掌典は古代から御鏡《みかがみ》を看守してきた職種で、全員が女子でした。賢所はかつては内侍所《ないしどころ》と申し上げていて、内侍という位の高い女官が、巫女として鏡を守ってきました。男性が宮中祭祀に関わるようになったのは明治以降です。

宮中祭祀には掌典が行う祭祀と、内掌典が行う祭祀があります。例えば国家的儀礼やご即位の前の祭祀、そして毎年行われる神社などへの勅使の御差遣などは掌典が仕切ります。これに対して内掌典が仕切るのは平安時代、もしくはその前からずっと続いてきた日常、あるいは恒例の儀式です。宮中祭祀はこの二つが並行して行われますが、日々、祭祀に携わっているのは内掌典です。

宮中三殿には三つのお宮があります。中央が賢所で、こちらは、天照大御神の神霊をお祀りする中心となるお宮です。左右に皇霊殿《こうれいでん》と神殿《しんでん》があり、皇霊殿は先ほど述べたとおりで、神殿はどの神が祀られているのか公表されていませんが、八百万《やおよろず》の神々が祀られているようです。

天皇陛下がお元気でいらっしゃいますように、というのも祈りの中に入っていて、日々、内掌典が祈り続けています。天皇陛下がご健康であって邪気や穢れに触れなければ、天皇の祈りの力が発揮され、それが国家を良くし、国民を幸せにすることにつながるからです。このため、内掌典たちが天皇陛下の安寧やご健康を祈り、そして祓いをするのです。

陛下の祈りは、ご自分のことではなく、国民に対する祈りです。それを多くの人が支えているのです。

内掌典の仕事に一生を捧げた髙谷朝子さんという方がいました。もうお亡くなりになりましたが、五日間にわたって二〇時間近くお話を聞いたことがあります。話をうかがって驚いたのですが、宮中祭祀は厳格そのもので、伊勢の神宮の神主さんたちも「信じられない」と言うほどの厳しさです。伊勢の神宮の神主は、数あるお宮の神主の中でも、とりわけ厳格に祭祀をしている方たちです。その人たちが「宮中ではそこまでやっているのか」と驚愕するほどですから、よほどのことと思います。

天皇陛下が穢れに触れると、祭祀が成立しません。そのため、祓い清めて清浄を保つことを重んじています。だから、天皇の祭祀が成立するわけです。

内掌典は一度仕えると、半年や一年間は皇居の外に出ることはできず、休みは年に一、二日ある程度です。髪は大垂髪《おすべらかし》ですので梳《す》くこともできません。一度、外に出てしまうと、「清浄化」するのに時間がかかるので、休むのは生理の時だけなのだそうです。生理は宮中の言葉で「まけ」といって、その期間は祭祀に奉職できなくなります。そうすると自分が使っている生活道具は一旦全部しまって、「まけ」の時に使う生活道具に取り替えます。布団、シーツ、枕、歯ブラシまで全部、取り換えるそうです。「まけ」が明けたらそれを片付け、普段の時の物を使います。そうでないと、「まけ」から戻ったとしても、「まけ」の時に使っていた歯ブラシを使ってしまったら、穢れが残ってしまい、清浄な体が穢されてしまうからです。

内掌典の中には何年も住み込みの方もいらっしゃいます。実家からの連絡は宮中三殿ではなく、宮内庁の庁舎に宛てなくてはいけないとの決まりがあるそうです。というのは、例えば身内の不幸を知らせる手紙などが宮中三殿に届いてしまったら、それは、強い穢れを発していると考えるため、賢所に近づけてはいけないものであるため、手紙の類は必ず宮内庁庁舎に宛てなければならないのです。

ある時、何かの手違いで、内掌典のお身内が亡くなったという手紙が賢所に直接届いてしまったことがあったそうです。手紙を開けて「ああ！」ということになって、掌典全員が揃って潔斎し、手紙を見たから目が穢れたということで、全員泣きながら粗塩で目を擦ったといいます。

内掌典の着物については、祭祀の時に着る「大清《おおぎよ》」、普段生活する時に着る「清《きよ》」、生理の時に着る「次《つぎ》」と三ランクあります。トイレに入る時に「大清」のまま入ってしまったら、もうこの「大清」は使えません。ですから、まず「大清」を脱いで、「清」の状態でトイレに入る。それでもし袴などが壁などに触れてしまったら、これは「次」になります。いくら洗っても元には戻りません。

また、蛇口をひねって手を洗い、その手で蛇口を戻したら再び手が「次」になります。ですから、手を洗った後はこぶしで蛇口を閉める。そのように、誰も見ていないところでも、全て厳格にやらないといけないそうで、その感覚は新人の内に厳しく叩き込まれるそうです。

髙谷さんが奉職していたのは一五年ぐらい前までです。ですから、今申し上げている話はそんなに昔のことではありません。髙谷さんは確か大東亜戦争中、まだ一〇代の頃に巫女として内掌典になりました。ですから一生を宮中で祭祀に捧げた方といえます。未婚で宮中に入り、ただひたすら「御鏡」に仕え続けてきました。これはすごい人生だと思います。

内掌典になるのは、だいたいが経験者の身内です。皇學館大学とか、國學院大學とか、神社の娘さんとか、あるいは公家出身の方ですね。そういった方に声がかかるのです。神社庁から出向で行く人もいます。

普通は何年か務めて、下がる方が多いのです。しかし髙谷さんは定年の後まで続けました。そういう人はさすがに珍しいそうです。

一時期、週刊誌などが皇太子（現天皇陛下）バッシングを展開したことがありました。

それに対して、髙谷さんはとても怒っていました。「私は皇太子殿下の御拝をずっと見てきた。それは鳥肌が立つような真剣な祈りでした」と。髙谷さんは今上陛下が青年時代の時から、その祈りのお姿を見続けてきたわけです。

皇太子殿下が御拝をなさる間、内掌典が「お鈴の儀」といって、紐につり下がった鈴をシャーン、シャーンと鳴らし続けるのです。しかし一〇分たっても二〇分たっても殿下はピタッと動かずに、ひたすら祈り続けていらっしゃる。時間が長いだけでなく、ピクリとも動かない。「その姿を見ていて、皇太子殿下の祈りに向かう真剣さというのは凄いものがある」と髙谷さんは仰っていました。

宮中祭祀は、なかなか人の目に触れることがありません。しかし昔からの作法をずっと守って行われています。祈りにすべてを捧げる姿には貴いものがあるのです。

超多忙な天皇陛下の日常

門田　このような話を聞く度に、なぜ皇統をきちんと維持することが重要なのか、ということを考えさせられます。血統の連続性があって、三種の神器が継承される。祭祀においても、天皇の祈りをもっとよくするために、多くの周りの人がそれを支えている。日本の国を成り立たせている伝統の素晴らしさがそこにあります。

竹田　祭祀というのは男系によって継承されるのです。だからもし男系が途絶えて非男系の天皇が成立したら何が起きるか。それこそ崇神天皇の時のように、祟りが起きると考えなければいけません。

これは宮中に限った話ではなく、お墓の継承がそうですよね。普通は男系の子孫がお墓参りするものです。例えば父親の父のお墓に参りに行くのはよくあることです。母の母の父の墓にはあまり行きません。母の父の母の父となったら、もうお墓の場所も名前も分からないのが普通でしょう。やはり父の父、その父というのは分かりやすいですが、母の父の先祖のほうはいずれ分からなくなってしまいます。だから自分が死んで男系の子孫が途絶えると、おそらく自分の墓参りに来る人はいなくなってしまうのです。このようなお参りの形は普通の家で行われていることですが、同じことが皇室でも行われている。宮中祭祀が男系により継承されるのは、当たり前のことなのです。

門田　天皇陛下の日常生活というものを、私たち国民はあまり知りません。行事にご出席されたり、海外からの賓客をもてなされたりするご多忙の中で、国民の幸せのために、朝夕毎日、御拝されている。潔斎の仕方もとても厳密だと詳細を知ると本当に驚かされます。さらには、災害が起これば現地に出向かれて、被災者をお見舞いされ、国民も心が救われる。天皇の祭祀、お祈りについて、もっと広く国民に伝わるようにすればよいと思いますね。

竹田　天皇陛下がいかに多忙であるか、その例をかいつまんでお話ししますと、例えば閣議のある日は、閣議決定された書類をその日のうちに全部、把握なさり、決裁なさいます。分からないことがあったら、担当者を呼んでお聞きになり、納得できない場合は裁可なさいません。閣議のある日は、閣議関係の書類につきっきりとなるのです。しかも、閣議は週に二回あります。

　また、国会を通過したすべての法案に関する書類もお読みになります。完全に理解するまで公布の手続きをなさらないのです。集団的自衛権の行使を限定的に可能にした安全保障関連法については、法案の中身は相当に難解でした。防衛のプロフェッショナルが読んでもなかなか分からないものでした。集団的自衛権に関して意見を述べる評論家は大勢いますが、法案を全て読んだ人は、おそらくほとんどいないはずです。それを天皇陛下は全部お読みになり、不明な点は責任ある者に直接御下問になるのです。

上皇陛下はそうでした。今上陛下もそのようになさっておいでのことと思います。一年間を通じて国会を通過した法案を全部理解する人は、おそらく他にはいないはずです。おそらく総理も全部は読んでいないでしょう。そして年間の閣議決定全部を理解したうえで承認なさるわけです。

加えて、外交使節団の信任状の捧呈式も頻繁にあります。着任する大使、離任する大使を集めてお茶会をご主催になります。駐英大使が帰国した時であれば、日英関係の現状について報告をお受けになります。

さらに、年間の宮中行事をリストアップするだけでも大変な数に上ります。春と秋には園遊会も叙勲もあります。いろいろな行事で地方にもお出かけになります。週二回は勤労奉仕のご会釈があります。

お休みは年に何回かしかお取りになりません。どこかの国賓や公賓を招く時には、準備を十分になさり、会う人のことをお調べになったうえでお会いになるそうです。

毎回報道されませんが、総理大臣をはじめ閣僚の内奏もあります。さらに警視総監、国家公安委員長、各都道府県知事ともお会いになります。個別に御所にお呼びになります。そして東京都知事であれば、今の東京都政の抱えている問題について、どんな取り組みをしているかなどをお尋ねになる。以前、横浜市長を務めた中田宏さんが言っていましたが、天皇陛下との面会は三〇分という枠だったけれども、いろいろと御下問があって、一時間以上お話しさせて頂いたと言っていました。

ですから、天皇陛下ほど日本中の情報が集まるところはないのです。それは内閣総理大臣の比ではありません。陛下がカバーなさる範囲は行政だけではないからです。最高裁判所の判事、青年海外協力隊の代表などもお招きになるわけですから。陛下の御日程には、報道にも出ない、また宮内庁のホームページにも掲載されない行事が山ほどあるのです。

今上陛下は若くていらっしゃいます。それでも大変かと思います。そしてこれまでは、多少簡略化はあったとはいえ、大変な量のお仕事を、上皇陛下があの年齢でこなしていらっしゃったのです。

御前に上がる閣議決定の文書は、ものによっては膨大な量になります。叙勲などでは「なぜこの人が叙勲相当なのか」という理由を書いた書類が一回八〇〇〇件くらい届きます。段ボールで一〇箱ほどにもなるそうです。上皇陛下は大変真面目な方ですから、それ全部をご覧になっていらっしゃったそうです。

実はそれが分かった、ある事件がありました。ある時、侍従が天皇陛下からの呼び鈴がなって行ったら、机の上に何件か書類が出ていて、困った顔をなさっていたそうです。「どうなさいましたか」と聞くと、「この数名だけ、経歴書が添付されていない。これではこの人がどういう経歴だか分からない。決裁のしようがない」と仰ったというのです。普通でしたら、書類などきちんと読まずに判子を押す経営者も多い。しかし、それをなさらないのが上皇陛下でした。一つ一つ全力で取り組んでいらっしゃるということです。天皇陛下は内閣総理大臣の任命にせよ、叙勲にせよ、一つ一つの国事行為にすべて責任があります。ですからこれは重要だとか、これはそうでもないという区分けはなさいません。

毎年二回行われる叙勲も、叙勲を受ける当人からすれば一生に一度あるかないかのことです。天皇陛下が経歴書をご覧になるかならないかは、当人にとっては大きな違いです。それを陛下はお分かりになっていたと思うのです。

これだけの仕事をなさいながら、朝夕は毎日、必ずお祈りになる。朝に関しては、毎朝御代拝があり侍従が宮中三殿を参拝しますので、その時間に合わせて御拝をなさっているようです。しかし、大祭などでは自ら祭祀をなさいます。その際には、着装だけで二時間以上かかるそうです。

全国にも勅使が派遣されますから、靖国神社でも伊勢の神宮でも、勅使が参向した時は、その時間に合わせて御拝をなさいます。そうした天皇陛下の日々のお姿を国民が知ることはとても重要だと思います。

門田　だからこそ天皇の統治とは「知らす」ということがよくわかります。国の事情を広く知ることによって、国を束ね、人心を統合する。これはまさに統治を意味するものであり、それが日本という国の原則となっている。その天皇の中核をなすのが、祭主としての祈りです。祭祀は継承されていくものであって、それと共に大御心も継承されていきます。この祭祀は政教分離に反するものだという批判勢力がありますが、それはどのように思いますか。

竹田　憲法には政教分離の原則が書いてあります。また第一条には天皇について書いてあります。しかし、天皇と祈りは切り離すことができません。それが一見矛盾するように見えるわけです。このような場合、どう決着をつければよいか、実はとてもシンプルです。矛盾しないように解釈すればよいのです。

憲法の条文には原則が書いてあるのですから、例外が存在するのは当然のことです。政教分離原則の例外が天皇の祭祀なのです。法学において矛盾は排せられるべきであるという格言があるほどに、法学者にとって矛盾は嫌いです。しかし、いくら政教分離を厳格に適用しようとしても、天皇の存在を憲法に残した以上、天皇は祈る存在ですから、政教分離原則の及ばない領域であると理解するほかありません。

門田　それに関連して言うと、大喪の礼の際に、葬場殿で鳥居の設置をめぐって論争がありました。政教分離の原則から鳥居の撤去が主張され、結局、公的行事の時は鳥居を外し、私的行事の時には取り付けることをやりました。

竹田　苦肉の策で出てきたのが、キャスターを付けて、転がして撤去するというものでしたね。そういうことをしてでも、大礼を実行したわけです。今回の即位礼では特にそうした論議はありませんでしたが、その面で即位礼自体のハードルは下がったと思います。すでに述べた通り、大嘗祭で大嘗宮が茅葺ではなくなったほか、神饌《しんせん》を調理する柏殿の建物がプレハブになりました。それで予算を抑えたのだといいます。

門田　そういった発想を含めて、役人には皇室が培ってきた伝統に対する認識が根本的に欠けていることを改めて考えさせられます。伝統を守ることが自分たちの使命であるという感覚がまるっきりありません。「八月革命説」から始まって、日本は戦前と全く別の国なんだから、皇統なんて関係ないというような考え方しか、彼らにはありません。

神武天皇の「建国の詔」が示す精神性

竹田　天皇陛下が祈っていらっしゃるのは立派な宗教だと私は思います。日本人がお墓参りに行くのもそうです。今でも多くの家に仏壇や神棚があって、多くの日本人が初詣でや七五三などの折に、祈願のために神社に詣でます。それは、日本人ならではの特質だと思います。これは立派な宗教的活動です。

国民の幸せと安寧を祈る天皇の祭祀もまた宗教的行為であるといえます。神道はただの文化だという人がいます。確かに教義や教祖があるわけではありません。しかし、私は天皇の祭祀もあえて宗教であると言っています。天皇の祭祀が宗教であっても、それは憲法の原則の中の例外です。これは神道や宮中祭祀の問題ではなく、「宗教」という言葉の定義の問題に過ぎません。狭く定義したら神道は宗教の定義から外れますが、広く定義したら含まれるだけの話です。

天皇は祈る存在です。むしろその祈りを軽んじないためにも、あえて宗教的行為と言ったほうが意義があると考えます。

日本が二〇〇〇年にわたって一つの王朝を守り続けてきたことは、繰り返し述べました。それをおおまかに区分すると次のようになります。

①古代王朝の誕生と日本統一（初代神武天皇から第九代開化天皇まで）②ヤマト王権発足から律令国家成立まで（第一〇代崇神天皇から第三四代舒明天皇まで）③飛鳥時代から平安時代まで（第三五代皇極天皇から第七七代後白河もしくは第八一代安徳天皇まで）④武家時代（第八二代後鳥羽天皇から第一〇二代後花園もしくは第一〇三代後土御門天皇まで）。

初代から九代までの天皇は、全国に多くの小国が乱立する中で、奈良の都市国家程度の大きさの国を率いる主《あるじ》でした。やがて第一〇代崇神天皇の時代に、奈良と吉備、九州北部の三つの地域が連携して一つの連合王権を発足させます。これがヤマト王権の成立です。

その都は奈良の三輪山のふもとにある纏向《まきむく》遺跡です。『日本書紀』は、第一〇代崇神天皇が「磯城《しき》」に瑞籬宮《みずかきのみや》、第一一代垂仁天皇が「纏向」に珠城宮《たまきのみや》、第一二代景行天皇が「纏向」に日代宮《ひしろのみや》を置いたと記しています。

三世紀になってヤマト王権は大きな転換点を迎えます。それまで一つの地方政権だったものが中央政権の主になるのです。纏向遺跡に前方後円墳が出現し、それから間もなく京都、大阪、兵庫、岡山、四国、九州北部や関東でも造られるようになりました。各地の王が纏向を中心とする連合政権に加わって埋葬や祭式を共有することにより、つながることになったのです。

これによって纏向遺跡は日本列島の中核となります。纏向の大王を頂点としたヤマト王権は徐々に中央の権力を強化して、勢力を畿内から九州北部に拡大させます。そして四世紀末には全国に支配を拡大するのです。統一王権になってからヤマト王権は大和朝廷と呼ばれるようになりました。

ヤマト王権では、皇《すめら》一族が中心を担い続けます。のちにその大王は「天皇」と呼ばれるようになり、現在の天皇陛下はこの時代の大王の男系に当たります。

神武天皇はもともと他所から来た一族です。土着ではなく、南九州からやってきた人たちでした。よそ者であったにもかかわらず、神武天皇は地元でもっとも力を持っていた大《おお》物主神《ものぬしのかみ》の娘、伊須気余理比売《いすけよりひめ》を后にします。奈良盆地最大の実力者の娘を娶ったわけです。

なぜ、それができたのでしょうか。神武天皇には何か輝くものがあったに違いありません。つまり、神武天皇は武力で威嚇し、あるいは攻めて併合するのではなく、「和」を重んじたのではないでしょうか。力で地域の実力者を倒しても、人々の心を捉えることはできません。しかし、地域の人が敬服する首領の家族になってしまえば、平和裏に地域を治めることができます。

大和にいろいろな豪族が蟠踞する中で、王権の中核に皇一族が入り、それが二〇〇〇年も続いたのは、皆家族であるという精神性があったからではないかと思います。

神武天皇は建国の詔でこう述べています。

「聖人は制度を立てるものであり、その道理は必ず時勢に適合するものである。いやしくも民におって利益になることであれば、聖《ひじり》の業《わざ》に妨げは起きないであろう。そこで山林を切り拓いて宮殿をつくり、謹んで皇位に即いて、民を哀れみ愛さなくてはならない。上は天つ神が国をお授け下さった徳に答え、下は瓊瓊杵尊《ににぎのみこと》が正義を養った御心を広めようと思う。その後に、四方《よも》の国々を統合して都を開き、天下を覆って家とすることは、はなはだ良いことではないか。見渡せば、畝傍山《うねびやま》の東南の橿原の地は国の奥まった安住の地であろう。そこに都を定めよう」

皆で協力し、皆で幸せになろう、そして良い国を作ろうではないか、という「和」の精神が発揮されたのだと思います。それは崇神天皇による統一王権の成立に結び付きました。豪族たちがいがみ合い、動乱が続いていた一世紀や二世紀の頃の戦争の跡は全国のあちこちから出てきますが、三世紀以降はそうした跡は出なくなります。それは列島に平和な時代が訪れたことを意味します。

友好的に進んだ「神武東征」

門田　神武天皇が大和に向かう「神武東征」は、敵を全部なぎ倒しながら進んで行くイメージがあります。大東亜戦争のさなかには東征の絵も描かれて、子供たちはみんな目をキラキラさせながら見ていました。しかし実際に神武天皇が戦っている絵はあまりありませんね。

竹田　神武天皇の東征は武力で制圧しながら進攻していったように思われがちですが、そうではありません。船で九州南部の日向を出た後、豊の国（大分県）、筑紫《つくし》（福岡県）、阿岐国（広島県）、吉備（岡山県と広島県東部）を経て、浪速之渡《なみはやのわたり》（大阪湾沿岸部）に進みますが、各地の豪族たちは立派な食事でもてなしました。友好的に進んだのです。

唯一、戦いになったのは浪速之渡に入った時です。この戦いで、一行は進路を南に変え、紀伊半島の先に入り込んで、大和の地に向かいます。そこでも土地の神の毒気にやられ、一行は病気で寝込んでしまいます。荒ぶる神の災いを心配した高天原の高御産巣日神《たかみむすひのかみ》は、八咫烏《やたがらす》を遣わせます。その力を借りて大和に入っていくのです。

ですから、ぶつかり合ったのは浪速之渡で軍を出して待ち構えていた登美能那賀須泥毘古《とみのながすねびこ》との戦いと、紀伊半島上陸後の数件の事例しか『古事記』には書かれていません。しかも、神武天皇は東征の間、通ってきた西日本を勢力下には置いていませんでした。

その後、崇神天皇が北陸《くぬがのみち》、東海《うみつみち》、西道《にしのみち》、丹波《たには》に四道将軍を派遣して平定し、第十二代の景行天皇が九州の熊襲《くまそ》を討伐します。しかし、神武天皇はただ旅を続けただけで、制圧したわけではなかったのです。

崇神天皇は奈良、吉備、九州北部を押さえて連合王国を樹立しましたが、九州北部を加えたのは、鉄の原料を輸入するためだったと考えられます。鉄は九州北部にしかなかったので、鉄を手に入れることによって、一気に全国統一へと進んだのです。

各地の豪族たちもヤマト王権とつながれたら鉄がもらえると考えて、ヤマト王権と和を結び、威信財としての剣や鏡を得ました。天皇と姻戚関係を結んだ地方の豪族たちは、前方後円墳に葬られます。前方後円墳は天皇を中心とした政治秩序が構築されたことを物語るものです。

歴史の端境期に天皇に集中する政治権力

門田　三世紀の纒向遺跡からは、いろいろな土地の土器が出土しています。遺跡の搬入土器の搬出元が九州北部など幅広い範囲にわたっていることから、考古学的に見ても連合王権がこの時期に発足したことが裏付けられています。前方後円墳は全国に分布し、天皇の統治範囲の広がったことが分かりますが、これは国家が形成されていることを示すものですね。いわゆる権力と権威の関係から見た時に、当時の天皇はその両方を持っていたのでしょうか。

竹田　第一代から第九代までの天皇がどのような存在だったかは、よく分かっていません。当時は全国に一〇〇カ国ぐらいの小国が分立していた時代です。崇神天皇の頃に連合王権がその中核を担います。

しかし、長い歴史を見れば、権力を振るった天皇は実はあまりいませんでした。権力を持っていたといっても、豪族が力を握っていたのです。天皇自らが政治を差配したのは、律令体制を強化した天武天皇の例がありますが、ごく限定されています。

古墳時代、飛鳥時代は豪族同士の力関係で政治が決まりますので、天皇自ら政治を動かした形跡はほとんどありません。平安時代を通じても公家の政治体制が確立していますから、天皇自ら政治を動かすことは、やはりほとんどありませんでした。

崇徳天皇からは武家政権の時代に入り、朝廷の在り方が大きく変わっていきます。後鳥羽天皇は上皇となり、皇権回復を狙って鎌倉幕府執権の北条義時に対し挙兵しますが、敗れてしまいます。この承久の変（一二二一年）によって、武家と朝廷の二元体制は崩れます。そして幕府が一元的に支配する体制が確立しました。

朝廷の権威が復活するのは戦国時代の後花園天皇、あるいは次の後土御門天皇あたりになります。江戸時代末期は幕府の弱体化によって、孝明天皇が実権を持ち、政治を差配する力を得ました。それは一三三三年に起きた元弘の乱で鎌倉幕府を倒し「親政」を開始した第九六代後醍醐天皇以来、七〇〇年振りのことでした。しかし、天皇が力を振るったのは孝明天皇が最後です。むしろ歴史の端境期に、短期的に特定の天皇に政治権力が集中したといったほうがよいかもしれません。

門田　その時代時代によって、天皇の役割は違いますが、基本的に武力をもって束ねるというのは、よほどの危機の時以外はなかった。「神武東征」の時でも、敵をなぎ倒していくのではなかったわけですからね。

竹田　そもそも、東征を決断した理由は、「平和に天下を治める」ことでした。神武天皇一行は、高天原から霊剣を下されたものの、実家からの支援もなく、出立した日向でも、途中に立ち寄った場所でも援軍はありませんでした。まさに孤立無援で東征したと見られます。

先にも述べましたが、天皇と各地の豪族や民との関係は、力による服従の関係ではなく「治縁、心縁、血縁」で結ばれた関係です。つまり、日本人は家族であるという考え方で、婚姻によって家族が形成され、その中核となっているのが天皇なのです。

物部氏や蘇我氏など、時代時代で力を持った家がありました。しかし、外戚はあくまでも外戚にすぎません。もし、彼らの息子が天皇になると、本家になってしまいます。そうすると、どこの家が三種の神器を継ぐのかという争いになって、軸が無くなってしまいます。だから、男を排除して女しか入れてこなかったのです。一本通る筋というものを常に確保してきたわけです。

繰り返しになりますが、政治家や財閥の主とかが、手を替え品を替えて自分の息子を宮家に入れて、その子供を即位させ、一族が三種の神器を手にしたという話になれば、日本は大変不安定になります。果たしてそれは万人が尊敬する家柄なのかとなるのです。

天皇は特別な血筋の人に限定され、皆がその血統を大切に守ってきました。その血筋が曖昧《あいまい》になって分からなくなってしまえば、それこそ日本の軸が無くなってしまいます。まさに血筋を途絶えさせようとする勢力の狙いは、そこにあるです。

私がもし北朝鮮の金正恩だったら、自分の息子なり隠し子を日本で生ませ、皇族のご学友となり、親しくなって婚姻させるようなことをもくろむかもしれません。そういう危険があるから日本の皇室は男系を守って、一本の軸をしっかりと残しているのです。

外圧も利用する反日勢力との戦い

門田　その血統を断ち切ろうという左翼は、最近はさまざまな形で戦いを挑んできています。ＳＮＳなど、格好の武器ですね。ツイート、ネット記事、フェイスブック……さまざまなツールで発信し、海外メディアを巻き込んで、外からの圧力を利用して、相手を崩す戦略です。東京五輪・パラリンピック組織委員会会長を務めた森喜朗氏の発言が切り貼りされた上、海外メディアが反応するsexist（性差別主義者）などの言葉と共に海外へ流され、それを大きく海外で報道させ、さらに打ち返して大問題にしていくパターンですよね。

これが辞任につながったように、国内の反日勢力であるマスコミなどのやり方はより巧妙さを増していますね。二〇一六年に国連女子差別撤廃委員会が、日本に対する見解案で「皇位継承権を男系男子の皇族に限っているのは女性差別にあたる」として、皇室典範の改正を求める勧告を盛り込もうとしました。これも左翼勢力が委員会に働きかけて勧告を促し、外圧を利用した工作でした。

それまでは委員会で議論されていなかったのが、突然、最終見解案に文言が盛り込まれたため、日本側のジュネーブ代表部公使が委員会の副委員長と面会して反論して、削除させたのです。やはり外務省の中に「これはまずい」と考えた人がいたわけです。そうしたまっとうな人たちも官僚の中にはいると同時に、そこまでやって日本を消し去ろうとする反日日本人が現に存在することを忘れてはなりません。

竹田　そもそも、こうした差別をことさら主張するのはヨーロッパの発想です。男しか王様になれないのはおかしいというのは、王様が何か権利があると思っているからです。ところが天皇に即位しても、権利も財産も増えはしません。義務が増えるだけです。しかし彼らは、外国の王のように財産を継承したり、権力を手に入れたりするのと同列視しているのです。

そもそも天皇は権利でなるものではなく、義務でなるものです。これが彼らには理解されていません。もしそれを言うのであれば、ローマ法王でかつて女性がいたのか、ユダヤ教のラビ（宗教的指導者）に女性が一人でもいるかと逆に尋ねたいものです。日本にだけ男女差別を指摘するのは日本に対する差別です。文句を言うのであれば、バチカンにも同じように言わないといけないですね。

エピローグ

本当に怖い皇女制度

保守も推す「皇女制度」の危険性

竹田　今回、設置された皇位継承の在り方を検討する有識者会議で論点となるのが皇女制度です。女性皇族に「皇女」という呼称を贈り、公務を継続して頂くという制度ですが、これこそが将来の皇統断絶をもくろむ勢力との、今後の主戦場になっていくと思われます。

皇室典範では、天皇陛下の長女でいらっしゃる愛子内親王殿下、秋篠宮皇嗣殿下の長女でいらっしゃる眞子内親王殿下、次女の佳子内親王殿下がご結婚遊ばせば、皇籍を離れることになります。皇族数が減少するために、皇室活動の担い手を確保すると当時に、皇室の負担を軽くすることが、その目的だとされます。しかし、皇女制度には皇統断絶の危険性がはらんでいることは、いうまでもありません。

皇女制度はかつて「尊称保持案」という名称でした。野田佳彦内閣（平成二三年九月二日～同二四年一二月二六日）は、女性・「女系」天皇は保守派からの批判が強いこともあって、女性宮家の創設を進めようとしました。しかしながら、「女系天皇につながる」との反発が強く、これを断念し、その代わりに尊称保持案を通そうとしたのです。結局これも断念して、一時は「女系天皇」問題も鳴りを潜めていました。再び菅内閣でそれを検討するということになったわけです。

私は最初から皇女制度に反対でした。もともとはこの案は日本会議が安倍内閣の時に菅義偉官房長官に出したものです。しかし、なかなか私の反対の声が届かず、保守の中でも意見が分かれるところとなりました。産経新聞の月刊誌『正論』で、私は皇女制度の危険性を指摘しましたが、保守の中にはこの制度を支持する学者もいるのです。

皇女制度を設けて、公務の担い手を強引ながら確保できたにせよ、皇統の継承者をそこから輩出することはできません。正当に皇位継承を担えるシステムを整えることが王道です。私は月刊誌『正論』で、以下のように危険性を指摘しました。

「『皇女』がご結婚後もご公務をもなさることで『皇族と民間人の間に位置する』ような

印象を国民は持つだろう。この原稿の執筆時点（令和三年一月）では、小室圭さんへの風当たりは厳しく、眞子内親王殿下とのご結婚が成就しても、将来小室さんの息子が天皇になることには、拒否反応を示す人が多いと考えられる。だが、女性皇族が国民から祝福されるようなご結婚をなさったらどうであろうか。

佳子内親王殿下をはじめ、女性皇族がご結婚遊ばされ、『皇女』の尊称を贈られてご公務を継承なさることを想像して頂きたい。その『皇女』のご公務は国民からも注目され、『皇女』が男の子をお産みになったら、そのことも大きく注目されるに違いない。『皇女』ご一家は、民間人ではあるけれど、限りなく皇族に近い存在として、国民から親しみを持って見守られることになるだろう。

そして、『皇女』の子が聡明で感じの良い青年に育った頃、万一皇室の若い世代（悠仁親王殿下の子や孫の世代）に男子がいらっしゃらない状況だったら、『皇女』の子を天皇に推す意見が持ち上がることは間違いない。もし、世論が味方したら、『女系』天皇が成立することになるだろう。

まして、現在は皇族の減少が問題視されているが、もし複数の女性皇族が、ご結婚後も『皇女』としてご公務を継続することになったら、政府のもくろみ通りご公務の担い手は確保されるため、皇族減少問題は解決したかのように錯覚される。その結果、旧皇族を皇籍に復帰させる、もしくは現宮家が旧皇族から養子を取る方法は『不要』と一蹴されてしまうだろう。

これまでは、女性天皇と女性宮家は『女系』天皇につながる危険があると指摘されてきた。だが、『皇女』制度もこれと全く同じ危険をはらんでいるのである。『皇女』制度が発足したら『女系』天皇成立への筋道が出来上がり、男系継承を維持するのはより困難になる」（「『皇女』制度は問題だらけ」二〇二一年二月号）

女系天皇にすると万世一系イデオロギーが内から崩壊する、さらに言えば女性宮家もこれは同じです。女性宮家を作れば女性皇族が民間男子と結婚し、そのまま皇族に残り、そして男の子が産まれたら将来、天皇になる――女性宮家を作ると結果として、女系天皇になるということです。女系天皇は万世一系イデオロギーを内から崩壊させるものですから、同じ理由で女性宮家も、一歩間違えば皇女制度も同じことが言えるのではないかと思います。

女性宮家も、その創設を進めようとした野田佳彦内閣も最初は「あくまでも皇位継承権だけは渡しません。だから男系の皆様、安心してください」ということを述べていました。しかし将来、悠仁親王殿下のご結婚が難航し、あるいはお子様に恵まれないなどということがあれば、仮に佳子内親王殿下が素晴らしいお相手と結婚して、それこそピカピカのお子様をお育てになっていたら、次の天皇は「この子でいいのではないか」となるはずです。戦後の昭和二二年に皇籍から離脱した旧皇族よりも、皇女様の子が優先されるのは目に見えています。いくら女性宮家に生まれた子は皇位継承権を与えないという制度でスタートしたとしても、なし崩し的になる可能性があるのです。

結局、女性宮家も皇女制度も中身は同じです。保守系団体がよい着地点として皇女制度を主張しても、先ほどの共産党理論と同じように、時間をかけて、万世一系を途絶えさせる可能性は高いといえます。皇女制度により、皇統断絶のリスクが高まることはあっても、低くなることはありません。

有識者会議では、旧宮家の皇族復帰を認めるかどうかも検討課題となります。第三章でも述べましたが、私は男系維持を現実的かつ確実にできるのは旧宮家の「復帰案」よりも、むしろ「養子案」だと主張してきました。そこで、私は麻生太郎内閣の時に、皇室典範の改正趣旨などを書いた案を用意し、本会議場に送るように作業を進めました。そして出来上がったのが、先にご紹介した「皇室典範改正案」でした。これは法的整合性をすべてクリアしており、そのまま通用するものです。ですから有識者会議では、「養子案」についても、ぜひとも議論して頂きたいと思います。

今にも女系になびきかねない自民党

門田　私も「皇女」制度を推す保守系の論客を何人も知っています。女性皇族に「皇女」という呼称を送り、公務を継続してもらうというのは合理的なのですが、竹田さんは、その「先」のことを見ています。これが将来の女系天皇につながることを懸念しているわけです。これは、皇統を「守る」のではなく、「崩す」ものになるという見方はその通りだと思います。

もし、皇女制度だけを設けて、皇族の養子縁組等が実現しなかったら、それこそ男系を将来、潰す最大案件になりかねません。「これこそが将来の皇統断絶をもくろむ勢力との、今後の主戦場になっていく」というのは深刻です。今までのさまざまな話には、皇統断絶をもくろむ勢力との戦いで気をつけなければならない点が数多く出てきます。ここまで罠が埋め込まれているのかと、改めて愕然としますね。固定観念に囚われることなく、女系天皇を導く可能性のあるものには、徹底した抵抗が必要ですね。

竹田　今、「女系天皇」を主張することは、悠仁親王廃嫡論になってしまうので、その支持者たちは「女性宮家」を主張しています。「民間男子が皇族になっても大丈夫です、子供たちには皇位継承権を与えないから安心してください」という体裁をとっていても危険なのです。

これは一つの罠でしょう。女性宮家が成立するか否か、今は議論の主戦場になっています。これをいかに排除しつつ、旧皇族から養子を取って既存の宮家を残せるかが勝負どころです。そこで厄介なのが皇女制度なのです。

当初は、「女性宮家はまずいから、皇女制度ぐらいでお茶を濁しておいて、何かやった気にしておけば、一つの決着になるだろう」という保守派の考え方もあったと思います。しかしながら、皇女制度はそもそも何のための制度なのかが全く不明です。

政府は、皇女制度はご公務の担い手を確保するために、特例法制定で対応する方針だといいますが、皇女制度がないから、元皇族が公務の担い手になれないというのではありません。

例えば、上皇陛下のご長女の黒田清子様は、ご結婚後も皇居に通って、上皇上皇后両陛下をお支えになりました。さらに伊勢の神宮の祭主をお務めになっておいでです。私の祖父の竹田恒徳も皇籍を離脱してからも、日本オリンピック委員会委員長、国際オリンピック委員会名誉委員長などを務めるなど、数十の団体の名誉総裁などを担っていました。ほかの元皇族の方々も同様に公の役職を務めています。
また先に述べたように、天皇陛下のご公務とは、憲法が定める国事行為と、それ以外のご公務があり、それは天皇専属のもので、原則として他の皇族が代行できるものではありません。つまり、皇女制度を作っても、その方が天皇陛下のご公務の肩代わりができるわけではないのです。そして、現在でも元皇族は、一部の公的な役割を担っています。ならば、わざわざそのような制度を作る必要はないのです。

門田　皇女制度というのは、要するに女性宮家を作るための方策と同じですね。悠仁親王廃嫡論や女系天皇論をツイートすると反響が大きいですが、皇女制度の動きが危険になってきたというのは、興味深いですね。だからこそ、自民党の中の空気や国会議員の危機感が気になります。例えば「日本の尊厳と国益を護る会」などは、大いに危機感を持っていますが、皇室典範の改正、つまり「養子案」は、第三章で記した通り、文言まで一〇年以上も前から考えられているわけです。しかし、一〇年もの間、それが動かなかったという、現に信じがたいことが起こっている。これについての理解はどのくらい進んだのか。これも気になりますね。

竹田　日本会議国会議員懇談会など、有志の集まりがありますので、そういう会に所属する方々は、「養子案」についての理解を深めてきていると思います。それなりに勉強を重ねたり、私も個別の勉強会に呼ばれて行ったりしていますので、かなり深まってきてはいると思いますが、それは自民党の中でもまだ一部でしかありません。その他の国会議員は、もともと関心がないし、勉強もしていないという人が大半だと思います。

例えば二階俊博幹事長も公然と「女系天皇」の話をしています。この間の報道では、二階氏は「自分はその方向だ」と言っていました。河野太郎氏も、「女系天皇」論を主張しています。自民党の中でも完全に意見が分かれています。男系継承の維持で固まっているとはとても言えない状況です。

ですから危機感を持った人たちが自民党の中をしっかりと固めるほどの勢力に育っている感じはないですね。安倍総理の時は、総理が男系維持の考えであることは、皆分かっていましたが、安倍さんが外れたら、どっちに転ぶか分からないという感じです。もし将来の自民党総裁が総理大臣として「女性宮家を実現する」と断言したら、果たして阻止できるのか、正直怖いところです。

門田　それならば、養子制度の創設に向けて、ますます皇室典範の改正実現に精力を注入しないといけないですね。一般の人でも養子を取ることができるのだから、なぜ皇室だけ養子を取ることができないのか。それは逆に「差別になる」のではないか。そういう論理で攻めていきたいですね。そもそも菅総理は養子制度についてはどう考えているのか、これも気になります。

レベルの高い新しい歴史教科書で対抗

竹田　ご指摘のような攻め方は敵の裏をかくやり方ですから、大変有効だと思います。ただ、菅総理については「日本の歴史伝統に基づいて皇室を守る」という強い思いは、残念ながらないような気がするのです。リスクを負ってまで、皇位継承問題に本格的に取り組むことはないように思われます。

皇室典範改正問題は政治家としては大きなリスクをはらみます。この制度改革に手を付けて、もし上手くいかなかったら、それこそ求心力を失ってしまう可能性もあります。よほどの確たる国家観を持った人で、安定的な政治基盤を持っていないとできないでしょう。

しかし、旧皇族を活用する方法をいかに早く実現して、女性宮家、皇女制度を阻止するかを、急いでやり遂げなければいけない。

ただ、希望的観測を申し上げると、河野太郎氏や、「女系だから駄目だという議論には賛同しない」と「女系天皇」容認を臭わせている石破茂氏が将来総理になったところで、それが直ちに実現できるとも思えません。あの安倍総理ですら一つも動かせなかったわけですから。どちらにせよ、しばらくは、皇位継承問題に関する〝おしくらまんじゅう〟が続くと思います。

問題は徐々に人権派が幅を利かせて、一〇年ほど先くらいに「今、女系天皇を押したら行けるな」というタイミングで、議論を仕掛けてくるかもしれないことです。

こうした動きをいかに食い止めるか。それはやはり若い人たちに、我が国の建国の歴史とその精神について理解を深めてもらうように、これから仕掛けていくことだと思います。では、どうすればよいか。抜本的には教育しかありません。

日本は神武天皇の御即位から歴史が始まりました。その天皇の歴史が日本の歴史であり、国体であるわけです。世界では王朝が交代し、王朝の始まる前と終わった後では別々の歴史になりますが、日本では王朝は変わらずに二〇〇〇年以上続いてきました。天皇の歴史は日本誕生の神話とも続いています。つまり、天皇があって国がある。それは海外の国とは全く違います。そしてその建国の精神は「和」であったということは、日本人であれば、まず知っておく必要があります。しかし、今の教育現場ではそれが全く教えられていません。戦後の歴史教科書には日本人として最低限、知っておかなければならないことが書かれていないのは大きな問題だと考えます。

私は現在、歴史教科書を作成しています。今度、第四弾を出します。その切っ掛けとなったのが、昭和二〇年代後半に共産党幹部だった志賀義雄氏の話でした。志賀はこのように述べています。

「何も武力革命などする必要はない。共産党が作った教科書で社会主義革命を信奉する日教組の教師がみっちり反日教育を施せば、三〇年、四〇年後にはその青少年が日本の支配者となり指導者となる。教育で共産革命は達成できる」と。当時、共産党は武装闘争路線に傾いていましたが、彼はこれを批判して除名処分されました。

実際、現状は志賀氏の言った通りになっていると思います。皇室とか伝統などよりも、自由、平等、人権、博愛を絶対の価値だと考える人たちがどんどん輩出されました。

だから今度は逆のことをしなければならないと思うのです。野党を叩くだけではなく、教科書を変えてしまうのです。国を愛する人たちが作った真っ当な教科書で、みっちり日本の伝統や歴史を教える。そうすれば三〇年、四〇年後にはこれを学んだ青少年たちが、政治家となり指導者となって、日本は再び蘇ると思います。今から対策に着手したとしても、成果が出るのは何十年先になります。しかし、手を打たなければ日本の伝統は軽視されて、国体は失われてしまいます。

私が作成中の歴史教科書には検定で六〇五カ所の修正が入りましたが、これを修正すれば通ります。これまで私が作った教科書は門前払いでしたが、今回は修正さえすれば検定を通るのです。

私が考えているのは、東大合格者を出している学校にこの教科書を多く採択してもらうことです。現在、ラ・サールや麻布、慶應、早稲田といった進学校が採用しているのは「学び舎」（学ぶ会）の教科書です。「学び舎」は共産党系が作った会社です。ですから一ページ目は沖縄の基地闘争問題から始まるのです。

それをなぜ多くの進学校が採用しているかというと、イデオロギーではなくて、一番内容のレベルが高いからです。私の書いた教科書は「学び舎」よりも一、二段レベルを上げています。ですから進学校が採択する可能性が高いはずです。公立校の場合、教育委員会が地域ごとに教科書を決めますが、私立は一校一校が独自に決めます。ですから、ひっくり返すことは可能だと思います。この新しい教科書が採用されれば、それで勉強した子供たちが東大などの有力大学に進んで、将来、重要なポジションで活躍してくれるという図式です。

私が狙っているのは、いかにしてこの教科書を普及させるかということです。今は中学校の教科書ですが、次は高校の教科書も作ります。「高校入試、大学入試に対応するレベルの高い教科書」をキャッチフレーズにしたいと思っています。

次の検定が勝負

門田　ラ・サールや麻布、慶應、早稲田といった進学校が「学び舎」という共産党が作った会社の教科書を使っているというのは、慄然としますね。一ページ目から沖縄の基地闘争ですか?　もう、呆れるより「さすが」というレベルですね。戦後教育のおかげで日本人の誇りも消え、日本はグローバル化という言葉のもとに〝根っこのない人間〟を大量に生み、育ててきたわけです。

日本は、中国の人権侵害、つまり人道に対する罪に対しても、〝自分に関係なきゃいいや〟という恥ずべき人間が多くなってしまいました。四月一九日に報道されましたが、FNN産経の合同世論調査で、ウイグル問題に対して「中国との関係が悪化しない程度に関与すべき」と答えた人が全体の五四・三%に達したんですよ。つまり半分以上の人間がウイグルで助けを待っている人々に対して「中国との関係が悪化しないなら」との条件で関与を望んでいるんです。情けなくないですか。いつから日本人は毅然とした姿勢を失ったんでしょうか。

私は、国際社会と連携し、スクラムを組んで中国に堂々と人権の改善を迫れ、と言っているのです。G7の中で、ウイグル問題に消極的なのは日本だけです。本当に情けないです。教育がいかに重要かを本当に感じます。

もし、竹田さんの歴史教科書が普及すれば、日本の戦後史が変わります。この教科書を採択してもらうための工作をこれから始めなければなりません。中国からの脅威を真正面から受けて危機感を抱いている石垣島などで進めていくのはどうでしょうか。

竹田　それは有効だと思いますね。採択されなくても、教員がこれをきちんと読んでくれて、この教科書を念頭に授業をしてくれればよいのです。採択を広げることももちろんですが、正しい歴史教科書をバイブルとして使ってくれる先生を一人でも増やしていくことが重要だと思います。

去年の検定では私の作った教科書と自由社の教科書が検定で落ち、この年は保守系の教科書は育鵬社だけになりました。これまで保守系の教科書を採択していた横浜市などでは、この教科書を採択する学校が減りました。左派勢力から「危険な教科書だ」と狙い撃ちされて、採択反対運動を展開されてしまったのです。これをどうオセロのように巻き返していけるかです。教科書は毎年ではなくて、教科書検定があった後で採択が決まります。そうすると勝負どころは、次の検定の時になります。

四〇年先を見据えた闘争で勝つためには

門田　これは楽しみですね。日本の場合は広域採択制なので、オール・オア・ナッシングの世界です。私の知り合いに左派系の教科書会社の人間がいたのですが、教科書を採択してもらうために学校の先生や教育委員会の人たちと飲みまくっていたそうです。文房具なども教科書会社がどんどん、送っているようです。

私は高知県出身です。日教組が強かった広島県や和歌山県と同じように、教員の勤務評定導入に反対する勤評闘争（昭和三〇年代前半）の「主戦場」でした。そうした日教組教育の真っただ中にいたために、私たちは日の丸や君が代などは悪いものだ、と思い込まされて育ちました。

私の長男が小学校に入ったのは平成に入ってからですが、学校に日の丸が掲げられ、君が代を斉唱するのを見て、ようやく学校で国歌が歌えるようになったんだなと思いました。新鮮さがありましたよ。日の丸や君が代の重要性が分かることで、国というものに対する敬意や意識が芽生えるわけです。だから私はこれから活躍していく若者に期待しています。

竹田　門田さんのように日教組教育を受けた世代の人たちが今、政府でそれなりの要職を担っています。やはり教育の影響は大きいと思います。

私は「渋谷オルガン坂生徒会」という番組に出演して、ユーチューブなどを通じて若い世代に、学校では教えてくれない時事問題や天皇陛下の歴史の話をしています。そうした活動をしているのも、一つの教育の手段です。若い世代に教えることで、将来、いろいろな分野に子供たちを送り出し、日本を変えていこうと考えているのです。もちろん言論を通じた闘争もしますが、三〇、四〇年先を見据えた闘争を今からやって行かないと、じわりとなぎ倒されていきます。

門田　将来、女系天皇が誕生して皇統が途絶し、国のありかたそのものが変わってしまったらどうなってしまうのか。それを阻止するために、自ら理解した正しい認識と、知り得た知識をどんどんＳＮＳなどで発信し、拡散してほしいと思います。自分の選挙区から選出している国会議員に陳情することも必要です。あなたが一票投じている人に直接、訴えてほしい、ということです。

男系で皇統を維持してきた理由を分かってもらえば、考え方が変わる率はものすごく高い。一〇〇年後も二〇〇年後も同じ日本であり続けるには、文化と伝統の意味を知り、先人の智慧を考え、理解するしかありません。日本人として「時を超えて残ったもの」について、もっと思いを致してほしいのです。日本を日本たらしめている伝統や精神を継承し、次の世代に伝えることが、私たちの責任だと感じます。

おわりに

尊敬する門田隆将さんとの対談は、楽しくあっという間に時間が過ぎてしまいました。きっと、本書を読んでくださった方も、その臨場感を共有してくださったことと思います。この対談は、議論をぶつけ合うようなものではなく、蹴鞠のように、二人が目標に向かって言葉をつないでいくような対談でした。意見の対立を楽しむ対談とはまた違った面白さがあるように思います。

門田さんとは、読売テレビの『そこまで言って委員会NP』でよくご一緒させて頂くご縁で、懇意にさせて頂いていますが、これまで立ち話で皇室の話題になることはあっても、これだけ長い間皇室について向き合って語り合ったことはありませんでした。

以前から、門田さんは皇室について造詣が深くていらっしゃるとは思っていましたが、これほど皇室について熟知していらっしゃり、しかも、皇室を守ることに熱い思いを持っていらっしゃることが分かり、改めて敬意を表したいと思います。この対談を通じて私自身も学ぶところが多く、皇室を守っていくことについて、気持ちを新たにした次第です。また、門田さんと語り合ったことで初めて到達できた点も多く、読み応えのある本に仕上がったのではないかと思います。

皇位継承の問題は、安倍内閣を通じて何も動かなかったように、今後もそう簡単には動かないと思います。しかし、ここ一五年間ほどの間に、伝統や文化を守る意義は徐々に忘れられ、男系維持を求める私たちの声は「自由」や「平等」そして「女性差別反対」といった功利主義の叫びに掻き消され、皇室を守ることの難しさを感じるようになりました。いつか、損得でしかものを考えられない世代が形成され、その世代が社会を動かすようになった時、日本の伝統は破壊され、その国柄は捨てられてしまうのではないかと心配しています。そうなった時、日本はもう日本ではありません。

この本を読んでくださった読者に、そのような私と門田さんが感じる不安と焦りを共有して頂けたなら、本書を上梓した意味があったのだと思います。

門田さんが巻頭に書いていらっしゃるように、日本は二〇〇〇年以上にわたり、一度の王朝交代もなく、今日に至ります。まさに、日本は現存する最古の国家と言えましょう。その日本の歴史を振り返ると、天皇の存在が軸になっていることに気づくはずです。

時代と共に多くの物事が変化しますが、変化しないものもあります。伝統とは、長年にわたり取捨選択を繰り返してもなお人々によって守られてきたものです。幾百年もの風雪に耐えながら蓄積されてきた叡智の結晶とも言えましょう。「伝統は伝統であるがゆえに正しい」という言葉もありますが、そのことを意味しています。

皇位継承の議論は、功利主義の視点で語るのには馴染まない領域ですから、先人たちの紡いできた叡智を、敬意を持って勉強させて頂くところから始めなくてはなりません。本書がその入り口になれたならこの上ない喜びです。

巻末になりましたが、今回対談をしてくださった門田隆将様に御礼申し上げると同時に、門田様との対談を企画してくださったビジネス社の唐津隆社長と、編集を担当してくださった同社の中澤直樹様、また本書を分かりやすくまとめてくださったライターの宇都宮尚志様に、この場を借りて感謝申し上げます。

令和三年五月二一日

作家
竹田恒泰

著者略歴

門田隆将（かどた りゅうしょう）

作家、ジャーナリスト。

昭和33年（1958）高知県生まれ。中央大学法学部卒業後、新潮社に入社。『週刊新潮』編集部に配属、記者、デスク、次長、副部長を経て、平成20年（2008）4月に独立。『この命、義に捧ぐ―台湾を救った陸軍中将根本博の奇跡』（角川文庫）で第19回山本七平賞受賞。

主な著書に『新・階級闘争論―暴走するメディア・SNS』（WAC BUNKO）、『疫病2020』（産経新聞出版）、『オウム死刑囚 魂の遍歴―井上嘉浩 すべての罪はわが身にあり』（PHP研究所）、『汝、ふたつの故国に殉ず』（KADOKAWA）、『死の淵を見た男―吉田昌郎と福島第一原発』（角川文庫）、『なぜ君は絶望と闘えたのか―本村洋の3300日』（新潮文庫）、『甲子園への遺言』（講談社文庫）など多数。

竹田恒泰（たけだ つねやす）

作家。

昭和50年（1975）、旧皇族・竹田家に生まれる。明治天皇の玄孫に当たる。慶應義塾大学法学部法律学科卒業。専門は憲法学・史学。

『語られなかった皇族たちの真実』（小学館）で第15回山本七平賞受賞。令和3年（2021）、第21回正論新風賞受賞。

主な著書に『天皇の国史』（PHP研究所）、『日本はなぜ世界でいちばん人気があるのか』『日本人はなぜ日本のことを知らないのか』『日本人はいつ日本が好きになったのか』『天皇は本当にただの象徴に堕ちたのか』（以上、PHP新書）、『現代語古事記』（学研プラス）、『日本書紀入門―2000年以上続いてきた国家の秘密に迫る』（久野潤氏との共著、ビジネス社）など多数。

なぜ女系天皇で日本が滅ぶのか

2021年7月1日　第1版発行
2021年7月15日　第2刷発行

著　者　門田 隆将　竹田 恒泰
発行人　唐津 隆
発行所　株式会社ビジネス社
〒162-0805　東京都新宿区矢来町114番地　神楽坂高橋ビル5階
電話　03(5227)1602（代表）
FAX　03(5227)1603
http://www.business-sha.co.jp

印刷・製本　株式会社光邦
カバーデザイン　大谷昌稔
本文組版　メディアネット
営業担当　山口健志
編集担当　中澤直樹

ISBN978-4-8284-2291-6